JN095547

Legal Documents for Business

ビジネス法文書の基礎知識と実務

弁護士 花野信子 〔編著〕

発行 民事法研究会

は し が き

　小学校低学年のときに読んだウォルト・ディズニーの伝記に、こんなエピソードが挿絵と共に記載されていました。

　「白雪姫のアニメーションの声優選びオーディションの際、すばらしい声の持ち主を当人の顔を見ることなく決めたかったウォルトは、オーディション参加者の『声だけ』を別の場所で聞いていた」

　純粋に「声がどう聞こえるか」だけが重要であり、きれいな声を選ぶために、きれいな顔は必要ない（かえって判断を誤らせる可能性もある）というシンプルな事実は、子供心に強く印象に残りました。

　このエピソードを大人になってから思い出したのは、弁護士になり、「文章だけでどう伝えるか」、「クライアントに有利な文章になっているか」、「第三者（究極的には裁判所）の目から見てもよい文章か」等について、日々格闘するようになったときです。

　文章は残り、そして独り歩きします。うまく扱えればよい形で広がっていき、失敗すれば取返しがつかない災いを招くこともあります。Words have wings, and cannot be called.

　ビジネス現場では多くの文書がやりとりされます。電子化の影響もあり、文書は、まさしく翼をもって瞬時に世界中に広がります。

　本書が、ビジネス文書を日々作成する皆様にとって、いろいろな場面で、「よい声」（ビジネス法務で役立つ声）を響かせる一助となれば幸いです。

　2021年4月6日

花 野 信 子

「ビジネス法文書の基礎知識と実務」
目　次

第1編　ビジネス法文書の基礎知識

第1章　ビジネス法文書の特徴

第2章　ビジネスプロセスとビジネス法文書

　　　イ　日本語の用法的なもの　／74

　　⑷　最終チェック時のポイント　／76

　　　ア　まずは内容　／76

　　　イ　表　現　／76

　　　ウ　形　式　／76

　　　エ　その他　／77

第２編　ビジネス法文書の作成実務

はじめに

第１章　ビジネス法文書のフォーマット

　２　応答する場合のフォーマット例　／83

　３　フォーマット作成時の留意点　／83

　⑴　文書の送付方法　／83

　⑵　作成日時　／84

　⑶　あて先・差出人の名義　／84

　⑷　タイトル　／85

　⑸　頭書き　／85

第２章　請求書

第3章 警告書

第4章　催告書

第5章　通知書

第6章　承認・確認・拒絶の文書

第7章　社内向け文書

凡　例

【法令】

民法	令和3年4月1日現在の民法
改正法	民法の一部を改正する法律（平成29年法律第44号）
改正前民法	改正法による改正前の民法
現行民法	改正法による改正後の民法（改正前民法と対比する場合に用いる）
改正前商法	民法の一部を改正する法律の施行に伴う関係法律の整備等に関する法律（平成29年法律第45号）による改正前の商法
e-文書法	民間事業者等が行う書面の保存等における情報通信の技術の利用に関する法律
IT書面一括法	書面の交付等に関する情報通信の技術の利用のための関係法律の整備に関する法律
電子署名法	電子署名及び認証業務に関する法律
電子帳簿保存法	電子計算機を使用して作成する国税関係帳簿書類の保存方法等の特例に関する法律
独占禁止法	私的独占の禁止及び公正取引の確保に関する法律
一般指定	不公正な取引方法（昭和57年公正取引委員会告示第15号）
下請法	下請代金支払遅延等防止法
景表法	不当景品類及び不当表示防止法
個人情報保護法	個人情報の保護に関する法律
特定商取引法	特定商取引に関する法律
廃棄物処理法	廃棄物の処理及び清掃に関する法律
労働者派遣法	労働者派遣事業の適正な運営の確保及び派遣労働者の保護等に関する法律

凡　例

【判例集・文献】

民集	最高裁判所民事判例集
裁判集民	最高裁判所裁判集民事
民録	大審院民事判決録
判時	判例時報
判タ	判例タイムズ
金判	金融・商事判例
労判	労働判例

第1編

ビジネス法文書の基礎知識

第1編のポイント

第1章　ビジネス法文書の特徴

☆　法文書が「意図する法律効果に合わせて事実を『効果的に組み立てる』戦略的文書」であることを紹介し、チェックポイントとして、「目的・内容・出来栄え」の三つをあげています。

☆　さらに、ビジネス法文書については、法律効果のみならず、「ビジネス効果」の目的設定が必要であること、「ビジネスと法律と社会」を意識して作成されるのがビジネス法文書であることを、ビジネス法文書の五つの特徴と共に説明しています。

☆　ビジネス法文書とも関係が深い昨今の電子化の動向について、電子取引・電子契約・文書送付方法・文書管理方法の視点から紹介しています。

第2章　ビジネスプロセスとビジネス法文書

☆　具体的事例と共に、どの段階で、どのような書面を、どのような考えで準備するのか、当事者双方の立場から紹介しています。

第 1 章　ビジネス法文書の特徴

1　法文書

(1)　狭義の法文書

ア　効果・行為に着目した定義

「法文書」についての確たる定義はなく、漫然と「法的な文書（リーガル・ドキュメント）」といった意味合いで使われている。

そこで、法文書の定義を試みるに、文書の「効果」に着目すると、『法律効果[1]、つまり権利義務を発生・変更・消滅させる文書』となる。代表的なものは裁判の判決文であるが、私人間の文書では、契約書や解除通知などが該当する。

また、法律効果を発生させる要因である「行為（法律行為・準法律行為）」に着目すると、法律行為は意思表示を、準法律行為は意思・観念（事実）の通知を要件とするため、法文書とは法律要件である意思や事実を示した文書ということになる。

このように、法文書とは、**『法律効果を発生させるために、法律要件[2]を満たすよう、意思や事実を記載する文書』**と定義できる。

1　法律効果とは、法律要件を満たした結果として生じる権利義務の変動のことである。
2　法律要件とは、権利義務を発生・変更・消滅させるために必要と定められた一定の事実関係のことである。

〈図1〉 狭義の法文書

 効果　法律効果：権利・義務の発生、変更、消滅

 　法律要件を満たすよう意思や事実を表示

＝ 法 文 書

行為　法律行為、準法律行為

イ　行為の主体と法文書

　法律行為の主体の個数と法文書との関係は以下の三つ（後記(ア)〜(ウ)）に分類でき、当該分類からおのずと法文書作成の際の注意点も導かれる。

(ア)　単独行為

（独立した法律行為）

【意　　義】相手方の意思表示と合致することを必要とせず、独立して法律効果を発生させる法律行為

【法文書例】解除通知、相殺通知、遺言書

【注 意 点】一方の意思のみで成立するということは、それ単体で完全に意味をなすよう、要件のもれや記載の正確さに関して注意を要する

　　(イ)　契　　約

（意思表示の合致）

【意　　義】　互いに対立する複数の意思表示の合致によって成立する法
　　　　　　　律行為

【法文書例】　契約書

【注 意 点】　意思の合致を記載するものであるため、互いの認識に齟齬
　　　　　　　が生じないよう注意する

　　(ウ)　合同行為

（共同の法律行為）

【意　　義】　数人が共通の権利義務の変動を目的として共同で為す法律
　　　　　　　行為

【法文書例】　総会決議（議事録）

【注 意 点】　意思決定の内容の他、意思決定の成立要件の充足（出席者
　　　　　　　数や賛成者数）についても記載し、多数人が関与する法律
　　　　　　　行為の成立を明確にする

ウ　民法の条文と法文書

　民法は多くの条文で「意思」、「申込み」、「援用」といった法律要件を定め
ており、〔表 1〕はその一例である。民法上の用語は英訳[3]のほうがビジネ
スパーソンにとってわかりやすい場合があるため、英訳も記載している。

〔表 1〕　民法上の表現と法文書例

要件		民法上の表現（例）	法文書例
意思表示		・履行の請求（民法412条 3 項） Request for performance	請求書
		・損害の賠償請求（民法415条 1 項） Claiming compensation for loss or damage	賠償請求書
		・相殺の意思表示（民法506条） Manifestation of intention as Set-offs	相殺通知
		・解除の意思表示（民法540条） Manifestation of intention as Cancellation	解除通知
		・解約の申入れ（民法617条） Notice of termination	解約通知
		・契約の申込み（民法522条） Manifesting the intention to offer to conclude a contract	申込書
		・承諾（民法522条） Accepting the offer	承諾書
		・転貸の承諾（民法612条） Approval of Subleasing	同意書
		・時効の援用（民法145条） Invocation of Prescription	援用通知
		・異議（民法619条） Raising Objection	更新拒絶通知
通知	意思の	・履行の催告（民法452条・541条） Demanding performance	催告書
通知	観念の	・債権譲渡通知又は承諾（民法467条 1 項） Notice or consent as the assignment of a claim	債権譲渡通知書 承諾書

3　英訳は、法務省ホームページ「日本法令外国語訳データベースシステム」を参考にした。

　〔表1〕の法文書例には、ビジネス現場でなじみの深い文書も多く、よく使われている文書が、実は民法で定める個別の法律要件を文書化したものであることがわかる。

(2)　広義の法文書

　法律要件である意思表示や意思・観念の通知は、必ずしも文書で行う必要はなく、口頭でも行える。しかし、法文書に具体的権利義務の記載があれば、権利義務の内容が明確で立証がしやすく、違反や侵害に対する救済措置をとりやすい。当該文書に具体的な救済措置についての記載があれば、なお良い。

　このような、口頭のやりとりにはない、文書の「証拠化」機能に着目すると、法文書とは、『権利義務に関する事項を証拠化するために作成される文書』と定義することもできる。

　この証拠化機能に着目すると、法文書を、必ずしも前記(1)アのような意思表示や意思・観念の通知に係る文書に限定する必要はない。意思決定の前に事実を確認する確認書や、法的な判断を下す前提として作成される報告書や、その他、権利義務の発生・変更・消滅を直接もたらさなくともそれに深く関連するような文書も、広義の法文書ということができる。

〔表2〕　広義の法文書例

証拠化機能	広義の法文書例
事実の確認	確認書 事実実験公正証書[4] 会議録
事実に関する認識の報告	報告書
権利発生や権利行使「前」の手順等に関する事項の通知	照会書 内示書 警告書、予告書

特に多数の関係者がかかわる法人のビジネスにおいて、文書の証拠化機能が果たす役割は大きい。法人においては、取引相手など対外関係にとどまらず、社内の意思確認、意思決定にも文書（電子化されたものを含む）が用いられるのが通常である。

〈図2〉 本書の対象となる法文書

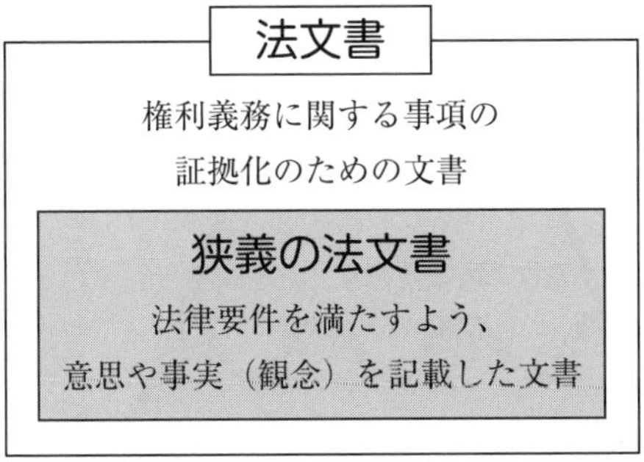

```
┌─────────────────────────────────────┐
│  ┌───────────┐                      │
│  │  法文書   │                      │
│  └───────────┘                      │
│     権利義務に関する事項の           │
│       証拠化のための文書             │
│  ┌───────────────────────────────┐  │
│  │      狭義の法文書             │  │
│  │   法律要件を満たすよう、       │  │
│  │ 意思や事実（観念）を記載した文書│  │
│  └───────────────────────────────┘  │
└─────────────────────────────────────┘
```

そこで、ビジネスに関する法文書を扱う本書では、法文書の定義を広く捉え、『**権利義務に関する事項を証拠化するために作成される文書**』と定義する。

---

4 事実実験公正証書とは、公証人が自身の五官の作用により直接体験（事実実験）した事実に基づいて作成する公正証書のことである。特許侵害の事実や、金庫の中の状況確認など、証拠保全を目的に作成される。

⑶　三つの基本的チェックポイント

法文書の作成にあたっては、**目的・内容・出来栄え**の三つをポイントとして押さえておきたい。

〈図3〉　法文書の三つのチェックポイント

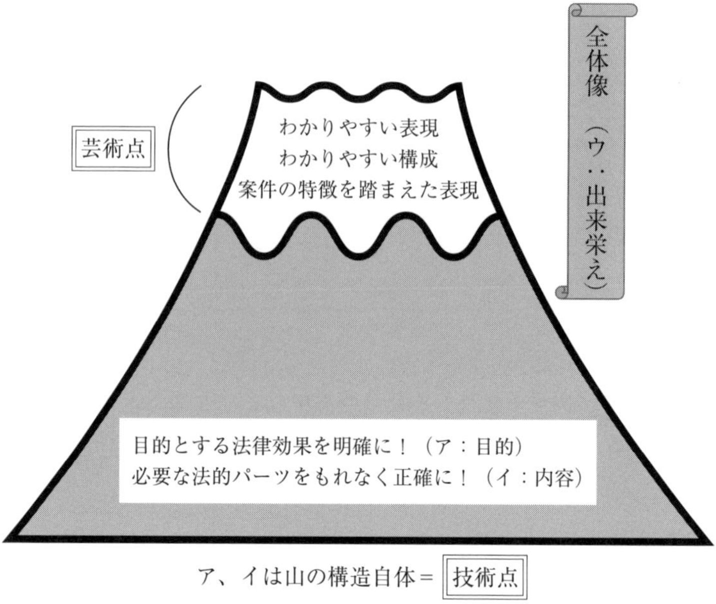

全体像（ウ：出来栄え）

芸術点

わかりやすい表現
わかりやすい構成
案件の特徴を踏まえた表現

目的とする法律効果を明確に！（ア：目的）
必要な法的パーツをもれなく正確に！（イ：内容）

ア、イは山の構造自体＝技術点

ア　目　的

ターゲットとする法律効果を明確にする。

法文書作成にあたっては、目的とする法律効果の設定を要する。契約の承諾なのか、催告により履行遅滞とするのか、損害賠償請求をするのか、といった法的ターゲットの設定である。

たとえば、トラブルが発生した際に、怒りの感情をそのまま記載して文書で送っても、それは感情を伝える文書であって法文書ではない。法文書は目的とする法律効果を発生させるために作成する。たとえば、被害者側に宥恕

（罪を許す）の感情がなく、和解の意思がないことを伝えるための文書であれば、目的とする法律効果は、「和解の不承諾」であり、感情はその背景となる事情として記載することになる（ただし、感情をうまく表現することで出来栄えに影響を与える）。

時折、「これだけ説明しても裁判所はわかってくれない」といった言葉を耳にすることがあるが、説明自体の善し悪しよりも、法的ターゲットが設定されておらず、法的主張となっていないケースもある。

イ 内 容

法的に必要な一定のパーツを正確に記載し、無駄ないし有害な事項は書かない。

(ア) 法的に必要な事項を記載する

民法は権利義務の発生のために必要となる要件（法律要件）を決めている。たとえば、売買契約の成立のためには財産権の移転と代金支払についての意思表示の合致が要件として必要である。そのため、法文書である売買契約書には、この要件について「**もれなく正確に**」記載しなければならない。

「**もれなく**」については必要なパーツが全部そろって始めて時計が動き出すことを想定するとよい。その言語に従って動くべく指示を記載するという意味ではプログラム言語とも親和性がある。

たとえば、「**これを買うことに合意した**」というメモがあったとしよう。

「**これ**」が何かわからなければ物が特定できないし、「**値段**」がわからないと売買契約は成立しない。また、「**日付**」がわからないと合意がいつあったのかもわからない。そもそも「**誰と誰との間**」で合意が成立したのかもわからない。よって、ほかに情報がなくこのメモだけだった場合、「売主が別の人に売ってしまったのは契約違反だ」と主張するのは困難である。

法律家による文書は一般の文書に比べて長いが、これは「パーツをもれなく正確に記載する」ことに起因することも多い。デフォルメとなるが、小説

のなかの文書と法文書を比較すると、以下のような違いがある。

【小説の場合】

そのとき、私はつい口に出してしまった。「これでおしまいだ」

【法文書の場合】

　「○年5月1日、甲は乙に対して、○年5月1日付けで締結した甲乙間の基本取引契約（以下「本契約」という。）第3条違反を理由に、本契約を、本日をもって解除することを通知した」

　(イ)　有害事項や無効原因となる事項を記載しない

　「法的に必要な一定のパーツを正確に記載する」ということは、余剰な内容のみならず、法的評価を損なう有害な事実や、無効と評価されうる事実を書かないことをも意味する。これについては、後記3の法文書の失敗パターンで説明する。

　ウ　出来栄え

　法文書の出来栄えについては、フィギュアスケートの得点のカウント方法を例に説明したい。

　フィギュアスケートの得点は、技術点＋演技構成点（芸術点）−減点でカウントされるが、法文書においては、まず技術点に該当する前記イ(ア)の要件を、もれなく正確に記載することが求められる[5]。音楽の流れに乗ったきれいなスケーティングで観客にアピールしても、ジャッジからトリプルアクセ

---

[5]　もっとも、弁護士が裁判所に提出する書面については、技術点（法律要件）がクリアされていることは（本来）当然の前提となるため、「紛争の状況が一読して目に浮かぶ文書」が出来栄えのよい書面と言われることもある。

ルと判断されるジャンプを飛ばなければ技術点で十分なポイントはつかないのと同様、文章が上手いだけでは法文書としての合格点はとれない。

技術点は法文書の土台であり、文章の表現の上手さ・構成の巧みさは、それ自体に価値があるのではなく、あくまで目的とする権利義務に係る事項をよりわかりやすくするために必要となる。また、友好的交渉なのか、断固として臨むのかといった案件の特徴を踏まえた表現も要求される。

これら技術点・芸術点を総合したのが「出来栄え」であり、**出来栄えのよい法文書とは、文書の目的である当事者の権利義務関係が正確にもれなく記載され、それがわかりやすい表現とわかりやすい構成で作成されており、案件の特徴を踏まえた形で読み手に伝わる文書といえる。**

2　法文書の構成要素

法文書を作成する際には、「法律効果部分」と「関連事実部分」を意識して作成する必要がある。

法律効果部分では、権利義務の発生・変更・消滅のために必要な事項を記載し、関連事実部分では、法律効果を発生させるために有益な関連事実を記載する。つまり、以下のように捉えることができる。

● 　法律効果部分は最低限必要なパーツ
● 　関連事実部分は、法律効果部分の意味合いを補充してより効果的に伝えるためのパーツ

以下では、解除通知の例（差出人は A 社）で説明する。

(1)　法律効果部分（権利義務の発生に直接関連する事項）

パーツ 1：誰と誰の（A 社と B 社）
パーツ 2：いかなる権利関係について（A 社・B 社間の契約に基づく権利
　　　　　義務）
パーツ 3：いかなる理由で（B 社による△△が、契約○条に違反）
パーツ 4：いつ（○年○月○日付けで）
パーツ 5：何を（A 社が契約解除の意思を表示する）

---

(2)　関連事実部分（(1)に有益な事項）

例）　A 社による解除権の行使が権利濫用にならない事情
「契約×条については、本契約締結前のミーティングの際にも、貴社による□□□の履行が不十分であると本契約の目的が達成できないことはお伝えしており……」
「改善のため何度か協議を申し入れたものの、貴社には応じていただけず、やむなく本件解除通知を送るに至りました」

3　法文書の失敗パターン

(1)　不正確な記載

　法律効果部分につき、パーツの特定を誤ったり、パーツを不正確に表現したりする失敗を犯すことがある。以下の【失敗例 1】は当事者の特定を誤っ

た事例、【失敗例2】は、目的物の特定を誤った事例である。

【失敗例1】　会社からの通知か、個人からの通知かが不明とされた
　　　　　　事例
　　債権譲渡通知において、通知の差出人が、債権者である会社の機関た
る代表者なのか、機関ではない個人による通知なのかが不明であること
等をもって、債務者および第三者へ対抗できないとした裁判例[6]（島原
簡判平19・1・31判タ1242号219頁）。

【失敗例2】　明渡しの範囲が確定できないとされた事例
　　和解調書の物件目録に「2階建店舗の1階部分のうち6.6平方メート
ル」とのみ記載されており、1階のどの部分の6.6平方メートルかが確
定できないことを理由に和解が無効になった裁判例（東京地判平7・
10・17判タ918号245頁）。

　【失敗例2】については、文書上の表現にかかわらず、少なくとも紛争当
事者間では実際にはどの部分の6.6平方メートルが明渡し対象とされている
のか、意味をくみ取れたであろうことが推測できる。しかし、法文書として
は失敗である。相手方が任意の明渡しに応じない場合、執行機関により強制
執行することになるが、その執行は和解調書に基づき行われるため、和解調
書上で明確に規定されていないと執行も叶わない。法文書は背景事情を知っ

6　【失敗例1】は、当事者の記載そのものより、印鑑が個人の印であったことが問題に
　なったケースである。

ているか否かを問わず「誰が読んでも一義的に意味を読み取れる」ことが必要とされるのである（プログラム言語との親和性を想起されたい）。

(2)　有害事項の記載

　関連事実部分の記載で見受けられる失敗は、必要のない事項や法的に悪影響（以下、「有害事項」という）をもたらす記載を加えてしまうケースである。

　この点、単なる余剰のみであれば、出来栄えとしてはよくないものの、法的効果に直ちに悪影響を与えるものではない（重要な点がぼやけるといった弊害はある）。注意しなければならないのは、余剰はしばしば有害事項の記載を伴う点である。要するに「書くと不利なことをあえて書いてしまう」のである。

　たとえば、解除通知に以下の内容が記載されていたとする。

「従前からこの問題については認識しておりましたが、いつかは改善されるだろうと当方はこれまで何も申し上げてはおりませんでした。○○や、△△といったことがあっても、きっと□□なのだろうと考え、特に指摘しませんでした。しかしながら、当社としても我慢の限界に達し……」

　上記の内容は、法的効果を考慮しなければ、通知者サイドはよく我慢していたという評価もありうる。しかし、あくまで具体的な事情如何ではあるものの、法的には、以下のように通知者側（債権者側）にとって不利な事情として評価される可能性がある。

● 債務者側の履行に多少問題があったかもしれないが我慢できるレベルであり法的に債務不履行ではない

● 債務不履行だとしても軽微な不履行である

● 債権者側は損害を軽減するための対策をとっていない

　法文書には、注意を怠ると、「自らに不利な内容が証拠化」されてしまうリスクがある。法文書作成にあたっては、意図する法律効果との関係を常に考慮しなければならない。**法文書は単に事実経過を「垂れ流し」する文書ではなく、意図する法律効果に合わせて事実を「効果的に組み立てる」戦略的文書である。**

4　ビジネス法文書

(1)　一般法文書との違い

ア　目的・内容・出来栄え

　本書では、ビジネス法文書を『**会社の取引上または取引に関係する法文書**』と定義する。

　ビジネス法文書は、①法人が作成する文書であり、②法律効果のみならず取引上の効果（ビジネス上の効果）についても目的設定を要し、③取引先のみならず社会からも法令遵守の状況がチェックされうるという特徴をもつ。

● 法人による作成

● 取引上の文書または取引に関係する文書

● 社会的存在（公器）としてのチェック対象

　上記の特徴を持つため、前記1(3)で記載した法文書の「三つの基本的チェックポイント」は、ビジネス法文書では〔表3〕のように修正を要する。

〔表 3〕　法文書とビジネス法文書の異同

目的	法文書	ターゲットとする法律効果を明確にする
	ビジネス法文書	ビジネス上の目的を設定したうえで、それを実現するための法文書を作成する
内容	法文書	必要な一定のパーツを正確に記載する 不正確な事実の記載、有害と評価される内容を記載しない
	ビジネス法文書	同上
出来栄え	法文書	当事者の権利義務関係が十分表現されているか
	ビジネス法文書	当事者の視点のみならず、企業＝社会的公器の視点からのチェックも行う

　前記 3(2)では、法文書について、「意図する法律効果に合わせて事実を効果的に組み立てる戦略的文書」と説明したが、ビジネス法文書は、『**目的とするビジネスを実現するために必要な法律効果を意図して作成する文書であり、法的に必要となる事実を効果的に組み立てると共に、コンプライアンスにも配慮した文書**』と説明できる。要するに、「**ビジネスと法律と社会**」を意識する必要がある。

イ　証拠化機能

　ビジネス法文書も法文書である以上、「証拠化」機能を有する点は共通であるが、社内外に多数の関係者が存在する法人の権利義務や事実関係にかかわるため、より一層証拠としての機能が期待される。

　また、一般の法文書にない特徴として、ビジネス法文書は、「ビジネスパーソンの行った業務の社内向けの証拠」としての機能も有する。法人の場合、法人内部で誰がいつ何をいかなる条件で行ったかについてチェックする必要があり、その手段の一つがビジネス法文書である。

(2)　ビジネス法文書の五つの特徴

　ビジネス法文書と一般法文書との違いについてはすでに述べたが、続いて、ビジネス法文書独自の五つの特徴について述べる。

〈図4〉　ビジネス法文書の五つの特徴

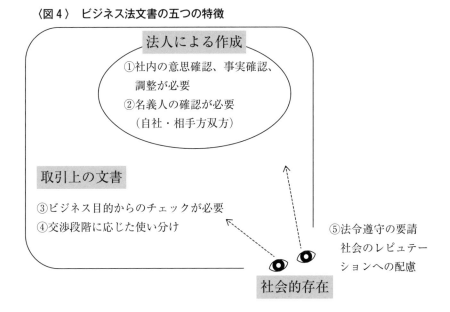

ア　法人が作成することに由来する特徴

【特徴1】　社内の意思確認・事実確認、調整が必要

　法人がビジネス法文書を作成する場合、複数関係者の意向の確認や法人内部の制限（規則、予算その他）の有無の確認が必要となる。一人の個人の意思で完結する文書とは異なり、ビジネス法文書の場合は、関係者の意見を集約・調整し、会社内の手続を経て、「会社」としての文書内容を特定し、作成することになる。

【特徴2】　名義人の確認が必要（自社・相手方双方）

　法人の場合、法人そのものが法で擬制された人であるため、法律行為に必然的に代理人を要する。この点が、通常、代理人を通すことなく自分自身で意思表示を行う個人の場合とは大きく異なる。法人の場合、代表取締役はもちろんのこと、役員・社員がさまざまな場面で「法人に代わって」法律行為を行う。

　そのため、文書の作成者側の法人は、自社における作成権限者を常にチェックする必要があり、文書の受領者側の法人は、当該法文書が権限を有する者によって作成された文書かどうか（偽造のチェックを含む）について注意する必要がある。

（参考）　作成名義に関係する会社法の規定（複数項あるものは抜粋）

　（支配人の代理権）

第11条　支配人は、会社に代わってその事業に関する一切の裁判上又は裁判外の行為をする権限を有する。

　（表見支配人）

第13条　会社の本店又は支店の事業の主任者であることを示す名称を付した使用人は、当該本店又は支店の事業に関し、一切の裁判外の行為をする権限を有するものとみなす。ただし、相手方が悪意であったときは、この限りでない。

　（ある種類又は特定の事項の委任を受けた使用人）

第14条　事業に関するある種類又は特定の事項の委任を受けた使用人は、当該事項に関する一切の裁判外の行為をする権限を有する。

　（株式会社の代表）

第349条

　4　代表取締役は、株式会社の業務に関する一切の裁判上又は裁判外

の行為をする権限を有する。

イ　取引上の文書であることに由来する特徴

【特徴3】　ビジネス目的からのチェックが必要

　法人、特に会社は営利目的のための事業体であり、取引契約はビジネスを実現するための手段の一つにすぎない。担当部署で言えば、法務部がまず契約を作成するというものではなく、営業が何をしたいかが先に来る。

　ビジネス・ファースト[7]であるのは、取引上のトラブル解決の場面でも同様である。たとえば、相手方に契約違反があったとき、民法や通常の契約書の定めに従えば解除や損害賠償請求といった手段を検討することになる。しかし、当該取引がその相手方としか実現できない場合、法律や契約書の定めに従って処理すればよいとも限らない。解除すれば当該ビジネスは継続できなくなるし、損害賠償の請求は、金額や請求方法（一括請求）によっては相手方の資金繰りを悪化させ、ビジネスの継続に支障を来す。

　結局、「契約違反→法律効果」という法的判断ではなく、「**契約違反→ビジネスをどうする？→どのような法的手段を検討するか**」というビジネス判断＋法的判断で対処することが必要となるのである。

　ビジネスの目的に合った法文書作成のため、たとえば以下のようなメモを作成して、構成を考えることになる。

（参考）　ビジネス法文書起案の際の検討メモ

①　イベント	相手方の契約違反（△△契約××条違反）

---

[7]　ただし、法令違反のトラブル等の場合は事情が異なる。法令違反が営業停止処分などにつながり、ビジネスの存続の基盤を揺るがすこともある。

②　法的にとりうる手段　　　損害賠償、契約解除

③　ビジネス上のニーズ　　　当社としても代替の調達先をすぐには見つ
　　　　　　　　　　　　　　けられないため、当面取引は継続したい

④　法文書の骨子（目的）　　損害賠償と今後の再発防止義務

⑤　具体的内容

（損害賠償）

　○○円。場合によっては、全額または一部を、一定期間の代金の減額
や製品の保証期間の延長、別件の取引の条件見直し等により回収するこ
とも検討する。

（再発防止）

　再発防止策の構築とその報告義務、適正な運用とその報告義務を設け
る。また、再発した場合、当社が無催告解除できる権利と、相手方の違
約金支払義務も定める。

【特徴4】　交渉段階に応じた使い分け

　どのタイミングで、誰を作成名義人として、どのような内容で、どのよう
な形態で文書を発出するかについても、交渉の進め方と関連付けて検討する
こととなる。

　いまだ確定的な内容にしたくない場合、最終的な決裁権限者より下位の者
の名で、「社内の正式な見解ではない」と注意書きをつけて文書を発出する
こともある。反対に、合意形成に向けての最終通知としたい場合は、担当役
員名義または代表取締役の名義で、押印をし、返答期限および返答期限を経
過した場合の効果（ex　賠償請求や返還請求等）を記載して、多くの場合、内
容証明郵便で発出する。

　また、見積りの作成にも相応の費用がかかるような案件の場合（相手方か
らは無報酬でやってくれとの態度が透けて見えるような場合もある）、見積書の
作成についても請求対象となることをあらかじめ相手方に伝え、交渉するた

めに、以下のような手順で進めることが考えられる。

● 受注側の現場担当者からは承諾の返信はせず、「この作業に関しては、
　部長決裁になるので」などと回答する
● 次に、当該部長から相手方へ、見積書作成業務の請求案と当該書面への
　承諾をもって作業に着手する旨の文書を送る

　請求トラブルの現場では、「これだけの作業であれば当然、先方は支払い
をするだろうと思っていた」、「業界の常識では見積り段階は無償であり、先
方も知っていたはず」などといった声を聞くことがあるが、ビジネスでは、
相手方に"察して"もらおうとはせず、具体的なビジネス条件を明確に書面
やメールで残すことを、交渉スタート時の標準マナーとすべきであろう。

ウ　社会的存在であることによる特徴

【特徴5】　法令遵守の要請、社会のレピュテーションへの配慮

　ビジネス法文書を適法に成立させ、ビジネスを円滑に進めるためには、自
社が属する業界特有の法規制のほか、民法、商法、独占禁止法、下請法、労
働者派遣法、労働契約法、景表法、個人情報保護法、廃棄物処理法その他さ
まざまな法令を確認する必要がある。

　自社の有利さのみを過度に強調してビジネス法文書を作成すると、独占禁
止法や下請法などの行政法規違反に該当する場合があるほか、社会的なレ
ピュテーションを大きく損なうリスクもある。たとえば契約に基づく返品で
あっても、優越的地位の濫用による公序良俗に反する無効な合意に基づく返
品であり不法行為等に該当するとして、損害賠償請求の一部が認容された事
例もある（一部につき下請法4条1項4号（返品禁止）違反も認定されている。
札幌地判平30・4・26裁判所ウェブサイト、札幌高判平31・3・7判例集未登載）。

　また、ホームページ上に掲載された規約やダウンロード用の申込書、SNS
を通じて拡散された内部文書、取引先への通知書等の内容が、社会から非難
を浴びるケースも散見される。

　ビジネス法文書では、法令遵守と自社のビジネス上のメリットを両立させ

て、自社に有利な証拠として文書に落とし込むと同時に、社会的にどう捉えられうるのかという視点も持つことが求められる。前述したように、「**ビジネスと法律と社会**」からのチェックを要するのが、ビジネス法文書の一つの特徴である。

（参考）　場面別ビジネス法文書のタイトル例
　場面ごとのビジネス法文書の典型タイトル例としては以下のようなものがある。

---

①　権利義務の発生に関して
　（準備段階の書面）
　・照会書、申入書、内示書、面談議事録
　（権利義務の発生）
　・承諾書、同意書、契約書、合意書、請求書、誓約書、念書
　（取引に付随する別の権利義務に関して作成）
　・秘密保持契約書
　・知的財産の扱いに関する契約書（有償・無償貸与に関する事項を含む）
②　変更に関して
　・変更依頼書、承諾書
　・更改契約書[8]
　・債権譲渡契約書、債権譲渡通知
　・契約上の地位の移転
③　消滅、終了に関して
　・相殺通知
　・取消通知

8　更改契約の例として、売買代金を期日に支払えないため、金銭消費貸借に変更してもらう契約がある。

　　・合意解約書、解除予告通知書、解除通知書、更新拒絶通知書
④　トラブル対応
　　・催告書
　　・警告書
　　・損害賠償請求書
　　・和解合意書

5　書面作成義務、裁判における扱い

(1)　法律上の書面作成義務、保存義務等

　日本の民法上、契約や意思表示および各種の通知は一部の例外を除き必ずしも文書（書面）で行う法的義務はない。しかし、例外的に、私人間の取引においても法律により書面による保存、交付等が規定されている手続が存在する。

　2016年（平成28）年11月7日付け内閣官房情報通信技術（IT）総合戦略室作成の「**法令等により書面による保存、交付等が規定されている手続等の調査（全数調査）＜分析結果＞**」[9]によると、民－民間（ビジネス法文書も含まれる）の分野で、法律により**書面による保存、交付等が規定されている手続等**は3005手続ある。

　法律上保存等が規定されている文書の中には、文書の受け手側（投資家、下請先、消費者、労働者、賃借人その他）の保護や取引内容を明確化することによる紛争予防が作成の趣旨とされているものもある。文書として「証拠化」することは、外部からの指摘を容易にし、不正な取引を防ぐ効用があるのである。

9　首相官邸ホームページ「法令等により書面による保存、交付等が規定されている手続等の調査（全数調査）＜分析結果＞」参照。

　また、法律上、書面作成義務のある契約書のうち、多くの企業に関連すると思われるものとして以下があげられる。

● 　保証契約（民法）

● 　業務委託契約書等（下請法が適用される場合）

● 　雇用契約書・労働契約書・労働条件通知書（労働基準法・労働契約法）

● 　労働者派遣契約書（労働者派遣法）

● 　消費者向けの契約書（特定商取引法・割賦販売法）

● 　定期建物賃貸借契約書（借地借家法）

● 　産業廃棄物処理契約書（廃棄物処理法）

(2)　契約上の書面作成義務・通知義務

　企業間の取引契約では、「……については書面で通知するものとする」として、書面のやりとりを契約上の義務として定めるものが多い。通知だけでは足りず「……については、事前の書面による承諾を要する」として、書面による事前承諾を義務付ける定めもある。

　さらに、「本契約に関連する全ての通知、同意、承諾、催告又は意思表示については、下記の連絡先宛てに、書面、ファクシミリ又はメールにより行うものとする」といった定めが設けられている場合もある。

　また、書面での通知、意思表示を契約上の義務とする例として、以下があげられる。

● 　納期遅延の通知

● 　仕様変更

● 　見積り変更

● 　瑕疵（契約不適合）の発見

● 　第三者からのクレーム（知的財産に関するクレームを含む）

● 　再委託

● 　組織変更

● 　本店移転の通知文書

● 契約更新の有無

● 解除

● 損害賠償

(3) 裁判における扱い

ア　処分証書と報告文書

　裁判は、法文書の証拠化機能を最も活かすことができる場面である。証拠能力を意識した文書作成のために、「処分証書」と「報告文書」の区別を理解しておきたい。

　「処分証書」とは、意思表示その他の法律的行為が文書によってなされた場合のその文書（手形、借用証書、契約書、遺言書、解約通知書、債権譲渡通知書・承諾書）であり、「報告文書」とは、処分証書以外の文書で、事実に関する作成者の認識、判断、感想、法律関係等が記載された文書（受取証、診断書、商業帳簿、日記）である。

　処分証書と報告文書の区別は、処分証書については、形式的証拠能力が認められれば、特段の事情の有無を検討することなく、作成者がその文書に記載されている意思表示その他の法律行為を行ったと認定されるという点にある。形式的証拠能力とは文書の内容が作成者の思想を表現したものであることをいい、第三者に偽造された文書には、形式的証拠能力は認められない。

　処分証書とするには、当該文書により、意思表示その他の法律的行為がなされたといえる程度に書面の完成度や明確性が必要である。

　特に企業の場合、「……のような規模の企業で、……の事実につき、書類を作成しないことは考え難い」といった認定があり得る。最判昭47・3・2裁判集民105号225頁は、国が当事者の裁判であるが、土地の売買につき、売買の目的となる土地を特定の敷地として使用する義務に関する特約の存否の認定につき、法令の規定に基づき契約書を作成する当事者が、当該特約が存在するにもかかわらず当該特約を契約書に規定しないといったことは考えに

くいとの判断を示している。また企業間の会議で作成された「メモ」の記載
が契約書の作成とは認定されなかった事例もある（東京高判平12・4・19判時
1745号96頁）。

イ　原本と写し

　一定の内容を表示するため、最初に確定的なものとして作成された文書を
「原本」といい、原本の内容を完全に写し取った文書を「写し」という。印
刷された紙に捺印署名され、確定的なものとして扱う場合、当該文書を原本
とし、写しについては、原本をコピー機で印刷したものや、PDF化したも
の、原本と同じファイルをプリントアウトして「写し」であることを表示し
たもの等がある。

　契約書や確認書について、原本は、通常、作成者の数の分だけ作成され、
当事者が2名であれば原本が2通、三者間契約の場合は、原本が3通作成さ
れる。このように原本が当事者の数だけ作成される理由は、原本の方が、写
しよりも相対的に偽造の可能性が低く、証拠価値が高いことによる。

　裁判で文書を用いる際、提出側でも受領側でも、写しと原本に齟齬がない
か（原本にない書き込みがあったり、数字の一部が異なっていたりすることがな
いか等）について注意を払う必要がある。

6　電子化の動向

(1)　広がる電子化

　大量の文書を扱うビジネス現場における電子化ニーズは高い。2020年に
は、新型コロナウイルス感染症による影響もあり、テレワークが広く推奨
され、文書の電子化を進める会社も増加した。政府も、文書の電子化をはじ
め、郵送・ファクシミリの電子メール等による代替、オンラインシステムの
利用拡大・定着を積極的に推進している。

　また、労働者の働き方改革の動きからも、今後、より一層実務は電子化へと進むものと思われる。電子化によっても、ビジネス法文書の内容自体に変更はないが、本項では、今後のビジネス法文書の実務において必ず必要となる電子化の動向について、基本的な内容を紹介することとする。

(2)　電子的な取引

ア　電子文書のやりとり

　法律上、「文書」といった場合、紙媒体を指すと理解されている。もっとも、後記イのような一部の例外的な場合を除き、契約や各種の通知を文書で行う法的義務はない。そのため、さまざまなビジネスの場面で、文書の代わりに電子データ（電磁的記録[10]）としての電子文書が用いられている。

　たとえば、通信技術を利用し、電子文書のやりとりをする電子的な取引は広く行われている。数十年以上前からあった電子的な取引としては、EDI（Electronic Data Interchange）がある。EDI は、コンピュータ間で受発注データ等を交換することをいい、双方にシステムを必要とするため、継続的な取引をしている事業者間で採用されることが多い。この他、事業者と消費者が行う電子的な取引としてはインターネットショッピング等がある。

　こうした電子的な取引は、性質上、対面や印鑑を用いるような本人確認を予定していない。また、電子文書は内容の改変が容易かつ痕跡が残りにくいといわれている。このような要因から、電子的な取引では、なりすましや電子文書の改ざんのリスクが高いとされ、導入が進まない面があった。

　そこで、契約書の代わりに電子文書で契約をするような場合、電子署名やタイムスタンプといった技術を利用し、なりすましや改ざんの防止が図られてきている。ここでいう電子署名とは、電子文書の作成者を示す目的で行わ

10　法律上は「電子的方式、磁気的方式その他人の知覚によっては認識することができない方式で作られる記録であって、電子計算機による情報処理の用に供されるものをいう」等と定義されている（刑法7条の2、電子署名法2条等）。

れる暗号化等の措置で、改ざんの有無が確認できるものをいう。また、タイムスタンプとは、ある時刻に電子文書が存在していたことと、その時刻以後に当該電子文書が改ざんされていないことを証明する技術である[11]。これらの技術を組み合わせ、電子文書に関し「いつ」、「誰が」、作成や改変等をしたのか明らかにし、なりすましや改ざんを防ぐことができるとされている。

イ　電子的な取引と法規制

　ほとんどの取引は電子的に行うことができるが、一部の例外もある。たとえば、法律上、文書の作成が契約の成立要件となっている場合、電子文書を文書とみなす規定のような特別の定めがない限り、電子的に行うことはできない。特に、公正証書によらなければならないとされている取引は、電子的に公正証書が作成できないため、文書によることとなる。事業のために負担した貸金債務等を主債務とする個人による保証契約（民法465条の6）のように、契約書と別に公正証書を作成しなければならず、事実上、完全には電子的に行えない取引もある。

　また、宅地建物取引業者が行う宅地や建物の売買・賃貸借契約締結前の重要事項説明等、一定の文書の作成や交付が求められる取引もある。もっとも、一部の文書は、相手方の承諾等があれば、電子文書による交付も認められている。

　2021年3月現在、文書の作成や交付が義務付けられているものとしては、主に〔表4〕のようなものがある。なお、不動産取引における重要事項説明書のようにすでに電子化が予定されているものもあり、今後、電子的に行えない取引はより限定的になっていくことが予想される。

11　単に電子データの作成・変更に関する時刻情報を指す場合もある。

〔表4〕　電子文書での代替可能性

文書の種類	電子文書での代替可能性
・任意後見契約書 ・事業用定期借地権の設定を目的とする契約書 ・定期建物賃貸借契約書 ・不動産取引における重要事項説明書 ・訪問販売における説明書	×
・建設工事の請負契約に関する文書 ・下請事業者に交付する文書 ・労働条件通知書 ・派遣労働者への就業条件明示文書 ・職業紹介契約における募集・求人時の労働条件明示文書 ・金融商品取引契約締結前および締結時等の交付文書 ・投資信託約款 ・貸金業者による消費貸借契約締結前および締結時の交付文書 ・前払式通信販売における通知文書	承諾等を条件に代替可能

(3)　電子契約

ア　電子契約の利用状況

　電子的な取引に関し、契約書による契約締結プロセスを電子的に行ういわゆる「電子契約」[12]を行う会社も増えてきている。

　たとえば、一般財団法人日本情報経済社会推進協会（JIPDEC）が国内企業の役職者を対象に実施した電子契約の利用状況に関するアンケート[13]（《図5》）では、2020年1月の時点で、利用していると回答した者が4割以上に

12　近年では、前記(2)アのような電子署名やタイムスタンプを利用した電子的な契約を指すこともある。

13　日本情報経済社会推進協議会「『企業IT利活用動向調査2020』集計結果（詳細版）」参照。

のぼり、利用を検討しているとの回答者数も2割を超えた。

〈図5〉　電子契約の利用状況（2018年～2020年1月の比較）

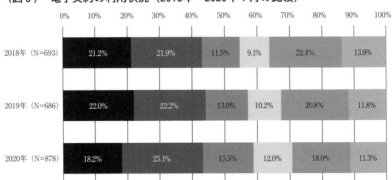

　　■ 複数の部門、取引先との間で電子契約を採用している（N対N型）
　　■ 一部の取引先との間で電子契約を採用している（1対N型）
　　■ 今後の電子契約の採用を検討している（自社開発の電子契約システムを利用）
　　■ 今後の電子契約の採用を検討している（外部の電子契約サービスを利用）
　　■ 電子契約を採用する予定はない
　　■ わからない

イ　電子契約の特徴

　電子契約は、契約書を用いる契約締結プロセスをとらないため、押印や郵送といった処理が必要ない。そのため、契約締結までの作業効率の向上を期待し、電子契約を採用している企業もある（2020年4月、新型コロナウイルス感染症に伴い、テレワークが強く推奨された際にも、押印業務や郵便物の扱いが業務の電子化の妨げになった）。当然のことながら、電子契約であれば、契約書類を保管するスペースも削減できる。

　また、文書が作成されないことから、電子契約には印紙税が課税されない。印紙税は、一定の契約書をはじめとする文書を対象に課税される税金のためである。たとえば、請負契約を締結しようとするときに、注文書や注文請書を、PDFファイルなどで電子メールに添付し、送信し合うことで契約を締結しても印紙税は課税されない。

ウ　電子契約サービス

電子契約は、クラウドサービスを利用する、いわゆる「電子契約サービス」によって行うことがある。この電子契約サービスは、インターネット上で提供される事業者のシステムを利用し、電子署名やタイムスタンプを電子文書に付して、契約を締結するしくみが一般的である。

また、電子契約サービスは、作成した電子契約に関する電子文書の保管や検索等の管理機能を備えていることも多い。後記(5)ウにあるような税務上の保存要件に対応した管理ができるサービスもある。

以下は、電子契約サービスの一例[14]（〈図6〉）である。

〈図6〉　電子契約サービス

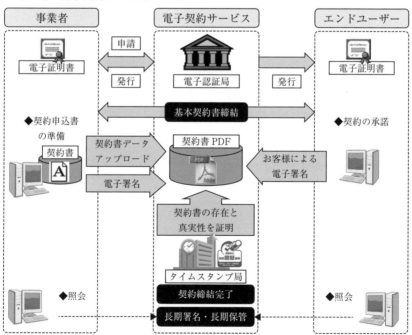

14　総務省「平成29年版　タイムスタンプ、電子署名等のトラストサービスの利用動向に関する調査報告」参照。

　〈図 6〉では、電子契約サービスを利用する当事者が、署名や押印に代えてそれぞれ自らの電子署名をすることとなっている。一方で、〈図 6〉とは異なり、利用者ではなく、提供事業者の電子署名を付与する電子契約サービスもあり、これは立会人型（事業者署名型）の電子契約サービスとも呼ばれることがある。具体的なイメージとしては〈図7〉[15]のようになる。

〈図 7〉　立会人型電子署名のイメージ

　とりわけ立会人型の電子契約サービスは、電子署名法の適用関係が議論されており、その詳細については総務省・法務省・経済産業省の連名によるＱ＆Ａ[16]等を参考にされたい。

　なお、電子契約は、電子契約サービス以外にも、個別のアプリケーションソフトウェアの利用によっても行える。たとえば、Microsoft の Word や Adobe の Acrobat DC には、電子文書に電子署名をする機能がある。この電子署名を電子文書に対して行い、当該電子文書を電子メール等で送信し合うことでも電子契約は実施できる。

　もっとも、個別のアプリケーションソフトウェアを用いて電子契約をする場合、電子文書の管理等もすべて自らがしなければならないため、電子契約サービスに比べると負担の軽減に課題がある。

15　総務省サイバーセキュリティタスクフォース事務局　「電子署名を用いた電子契約サービスに関する整理について」参照。

16　経済産業省ホームページ「契約における押印の見直し」の中の「電子署名に関するＱ&Ａ」参照。

エ　電子契約サービスの課題

　電子契約サービスは、契約の相手方もアカウント登録やアプリケーションソフトウェアの導入等をしていないと、サービス自体を利用できない場合がある。会社によっては、電子契約サービスを採用することにより業務フローが変わり、社内規程等の見直しが必要となる場合もある。こうした点から、電子契約サービスによる電子契約を始める際には、自社だけでなく取引先が対応できるのかも検討しておく必要がある。

　また、サービスの提供終了や解約によって電子契約サービスを利用できなくなった場合、直ちに当該サービス上の電子文書の利用や保存ができなくなることもあり得る。そのため、サービス終了時や解約時に、事業者側に保管されている電子文書がどのように取り扱われるのかについて事前に確認したうえで利用すべきであろう。

(4)　文書の送り方と IT の関係

ア　送付方法における IT 活用

　前記(2)アのように、電子契約サービス等を利用し、契約書や請求書といったビジネス法文書を電子的に送ることは日常的に行われている。電子的な取引に限らず、ファクシミリや電子メールといった通信技術を用いて、文書を送ることも一般的になっている。メールシステムによっては、暗号化技術を用いて、特定の相手にしか電子メールを読めないようにする機能もあり、親展文書のように送ることもできる。

　もっとも、契約書をはじめとする典型的なビジネス法文書は、手渡しを除けば郵送で送ることも少なくない。また、契約解除の意思表示や時効の完成猶予事由としての催告といった、後に裁判等で文書を送ったこと自体を証拠とする可能性がある場合は、内容証明郵便で差し出すことがある。この場合、内容証明郵便と同時に、配達証明を利用し、配達された事実および配達

日の証明もできるようにしておくことが多い。インターネットを利用して差し出す電子内容証明であれば、24時間受け付けられる。ただし、電子内容証明を利用するにあたっては、送信する文書ファイルの雛型、枚数（最大 5 枚まで）、フォントサイズ、余白等の指定に従わなければならない。詳細については日本郵便株式会社のホームページ「電子内容証明」を参照されたい。

イ　通信技術と意思表示

　法律上、承諾通知を含める意思表示は、相手方に到達した時から効力が生じる到達主義が採用されている。これは、電子メールをはじめとする電磁的方法による場合も同様である。

　この到達主義に関し、通信回線を通じて承諾通知をした場合は、相手方が通知に係る情報を記録した電子文書にアクセス可能となった時点をもって到達したものと解されている[17]。電子メールにあてはめると、相手方がメールアドレス等を指定してきた場合などは、当該メールサーバのメールボックスに記録された時点で到達したことと解すことができる。

　電子メールの到達時期に関しては、主に〔表 5〕のようなケースが問題となり得る[18]。

---

[17]　経済産業省「電子商取引及び情報財取引等に関する準則（令和 2 年 8 月）」9 頁参照。

[18]　経済産業省商務情報政策局情報経済課「電子消費者契約及び電子承諾通知に関する民法の特例に関する法律逐条解説」27頁、経済産業省・前掲（注17）10頁参照。

〔表5〕 電子メールの到達に係る問題点

問題となるケース		到達の有無の解釈
内容が文字化け等により解読できなかった場合	△	自らが保有していないワープロソフト等を手に入れなければ、復号して読むことができないときなどは原則として不到達と解釈する。ただし、個別の事例に応じて総合的に判断する。
相手方のメールサーバの故障等により送信した情報が一度も記録されなかった場合	×	転居していて配達できなかった場合に例えることができ、不到達と解釈する。
相手方のサーバ等に記録された情報がシステム障害等により消失した場合	○	一度は読み取り可能な状態で記録されているため、到達と解釈する。

　上記のとおり、電子メールの到達時期について明確な判断基準はない。もっとも、電子メールの発信が認められれば、送信先のメールサーバに記録されるのが通常であるとの考えを示し、特段の事情がなければ到達しているとした裁判例もある。そのため、契約や意思表示、通知に係る電子メールは、優先的に保存しておくことも考えられる。

　なお、意思表示の到達時期に関する民法の規定は任意規定であり、契約当事者が契約書等で効力発生時期の合意をしておけば、公序良俗違反や消費者契約法違反といった特別の場合を除き、当該合意が優先される。

　具体的には、契約書中に「通知その他意思表示が電子メールによってなされた場合は、送信時に到達したものとみなす。」のように定めておくと、到達時期に関する争いの防止につながる。

ウ　電子文書と確定日付

　確定日付とは、その付された文書が当該日付に存在したことを証明するも

のをいう。法律上、確定日付の付与された文書による通知等が必要な場合がある。たとえば、債権が二重譲渡された場合、譲渡日付の改ざんを防ぐために、対抗要件として確定日付による通知や承諾が求められる（民法467条 2 項）。

　タイムスタンプは電子文書の存在を明らかにするものであるが、直ちに確定日付と同様の効力は生じない。確定日付が付されるものは、特別法を除けば民法施行法 5 条に列挙されたものに限られるからである。例外的に、指定公証人による電子公証制度を用いれば、電子文書にも確定日付を付与することができる。そのため、債権譲渡の通知や承諾に係る電子文書に電子公証制度を利用せずにタイムスタンプを付し、電子メールなどで送信するだけでは対抗要件としての効力は生じない。

　なお、債権譲渡以外に確定日付が求められることのある取引や手続として債権者の交替による更改や自己信託といったものがある。これらの手続を電子文書で行う場合にも、電子公証制度の利用が考えられる。

(5)　電子化と管理

ア　文書の電子化の動向

　電子文書といった電子データであれば、保管する物理的なスペースの削減はもちろん、検索や参照する際の業務効率の向上が期待できる。そのため、すでにある文書をスキャン等で電子化し、PDF ファイルのような電子データとして保管することも日常的に行われている。

　文書の電子化の際には、業務効率の向上の観点から、OCR（Optical Character Recognition）が利用されることがある。OCR とは、スキャン等の際に通常は画像として取り込まれる文書中の文字を、編集や検索対象となるテキストデータに変換する技術である。OCR は、個別のアプリケーションソフトウェアやクラウドサービスの Google ドライブ等によって利用できる。AI（人工知能）を活用した AI-OCR といった技術も出てきており、個

人差が大きく識別が困難とされる手書き文字もテキストデータとして読みとることができるようになってきている。

イ 文書の電子的な保存

前記5⑴のとおり、法令の定めにより文書の保存が義務付けられている手続は多くある。もっとも、一定の法令の要件を満たせば電子データとしての保存も選択できる。文書の電子データとしての保存に関係する主な法令には、e-文書法、電子帳簿保存法、地方税法、各種業法等[19]がある。

保存義務のある文書のうち、電子データとしての保存が可能な文書のなかでも、多くの会社に関係し得るものとしては主に〔表6〕のようなものがある。

〔表6〕 電子データとして保存可能な文書の具体例

電子データとしての保存が可能な文書	具体例
取引に関する帳簿書類	見積書 注文書 請求書 契約書 領収書
労働関係に関する書類	労働者名簿（出勤簿） 賃金台帳
会議体に関する書類	株主総会議事録 取締役会議事録
決算に関する書類	貸借対照表 損益計算書

前述の法令等により、ほとんどの文書は電子的に保存できるが、文書に応

---

19 2001年4月1日に施行されたIT書面一括法によって、文書の交付や文書による手続のみが求められていた多くの法律が改正され、相手方の承諾等を条件に電子メールを含む電子的手段によっても行えることとなった。

じて電子的な保存の要件は異なる。自らのビジネスに関係する文書がそもそ
も電子的に保存できるのか、できる場合には要件は何かを、個別の法令等か
ら確認しておく必要がある。たとえば、決算に関する書類は、電子文書とし
て作成し保存することは認められるが、原本としての書類をスキャン等して
電子的に保存することはできない。また、2015年 3 月末時点の情報ではある
ものの、首相官邸ホームページの「法令等により書面による保存、交付等が
規定されている手続等の調査（全数調査）〈分析結果〉」が、電子化の可否を
はじめとする文書の保存等の手続をまとめており、電子データとしての保存
を検討する際には参考となる。

　なお、会計監査の点からは、文書の原本は重要な監査証拠となり得る。そ
のため、監査を受けている会社やこれから受ける予定の企業は、紙の文書を
電子化したうえで電子データとしてのみ保存する場合、原本の破棄について
監査法人等と相談することが望ましい。

ウ　電子文書の保存義務

　文書や電子化した文書に限らず、電子文書自体の保存が義務付けられるこ
とがある。たとえば、電子帳簿保存法上、帳簿・書類を保存しなければなら
ないとされている者は、電子契約等の電子的な取引をした場合、原則として
取引情報に関する電子文書を保存しなければならない（電子帳簿保存法10
条）。このような電子取引に関する電子文書は、紙媒体としての帳簿書類等
と同様に、 7 年（欠損金の繰越控除をする法人は最長で10年）間保存しなけれ
ばならない。

　なお、税務関係の書類は納税地等で保存しなければならないが、クラウド
サービスのサーバ等に電子文書を保存する場合、海外に当該サーバが置かれ
ていることもある。この場合、納税地等にあるコンピュータから当該サーバ
に接続し、一定の要件を満たす状態で画面に表示できるときは、適切に保存
等がされているものと取り扱われる。

エ　電子的な管理・共有

　初期のコンピュータでは、作成した電子文書といった電子データは当該コンピュータにのみ保存されていた。その後、コンピュータの普及に伴い、会社であれば社内で電子データを共有する必要性等から、ファイルサーバが利用されてきた。現在では、クラウドサービス上で電子データを管理・共有する会社も増えてきている。

　たとえば、総務省がホームページで公表している「令和元年　通信利用動向調査（企業編）」の統計調査では、クラウドサービスを利用している会社の中でも、ファイル保管・データ共有に利用しているとの回答が最も多く、6割に迫るほどであった（〈図8〉）。

　電子データをファイルサーバやクラウドサービス上で管理・共有することによって、検索や参照する際の業務効率の向上が期待できる。構築するシステム次第では社内にいなくとも必要な資料等を利用でき、テレワーク等の多様な働き方も実現しやすくなる。

　一方で、ファイルサーバやクラウドサービス上で電子データを管理・共有する場合、個々人のコンピュータで管理するのに比べ、多くの情報が集中し、漏洩や消失による影響は大きい。そのため、セキュリティ対策は不可欠である。たとえば、アクセス権限を与えるユーザーの認証方法としては、IDとパスワードだけでなく、指紋認証やワンタイムパスワード等を併用する多要素認証が考えられる。電子データが消失した場合の対策として、定期的なバックアップもしておくべきである。

　また、クラウドサービスの場合は、セキュリティ対策をサービスの提供事業者に大きく依存することになる。クラウドサービスの利用にあたっては、利用規約等[20]を確認し、当該サービスの信頼性、情報漏洩等が発生した場合

20　文書にしたサービス提供者と利用者との合意であって、提供するサービスおよび障害の発生頻度等のサービスレベルが記載されているSLA（Service Level Agreement）も検討資料になる。

の補償や免責事項の範囲等を吟味する必要がある。クラウドサービスを提供する事業者が、次のような認定・認証等を受けているかも一つの参考となる。

● 　クラウドサービスの安全・信頼性に係る情報開示認定[21]
● 　ISMS クラウドセキュリティ認証[22]
● 　CS マーク[23]

(6)　民事裁判における電子文書の扱い

ア　証拠としての電子文書の提出方法

電子文書を証拠として提出するにはいくつかの方法が考えられるが、実務上は、電子文書を印刷したものを証拠として提出することが多い。

また、電子文書が記録されている記録媒体（DVD、CD、USB メモリ等）を証拠として提出する方法もある。記録媒体を証拠として提出する場合には、当該記録媒体の複製物（写し）を裁判所や相手方に送る。

裁判の IT 化の推進に伴い、インターネットを利用し、裁判所のシステム上に、Word ファイルや PDF ファイルといった電子文書そのものを提出できるようにすることも議論されている。また、訴状等のオンラインによる提出や訴訟記録の電子化といった民事裁判手続の IT 化を実現していくために、2022年中に民事訴訟法等を改正することも検討されている。

イ　電子文書の証拠力

電子文書についても、紙の文書と同様に偽造されているなどとして作成者を争われることがある。たとえば、電子メールが証拠として提出されたとこ

21　ASP・SaaS・AI・IoT クラウド産業協会ホームページ「情報関認定制度」の中の「認定サービス一覧」参照。
22　情報マネジメントシステム認定センターホームページ「認定機関一覧」の中の「ISMS クラウドセキュリティ認証取得組織検索」参照。
23　クラウドセキュリティ推進協議会ホームページ「CS マーク取得サービス」参照。

〈図8〉 具体的に利用しているクラウドサービスの内容の推移

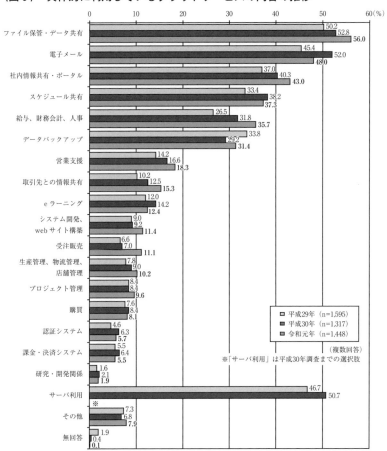

ろ、その作成者について争われた裁判例もいくつか存在する。

　この点、文書であっても作成者が争われることはあるが、署名や押印があれば、法律上、その署名や押印をした者が作成者と推定される。同様に、電子文書に本人だけが行うことができる電子署名がある場合、契約書における署名や押印と同様の推定が働くとされている（電子署名法3条）。そのため、電子署名法の要件を満たす電子署名があると認められれば、電子文書の作成者が誰であるかは問題になりにくい。

　一方で、電子署名法の要件を満たす電子署名がない電子文書には、法律上の推定は働かない。この場合、作成者とされる者が作成したことの立証が必要となることも想定される。そこで、電子文書の作成日時といった電子データとしての情報（メタデータ）等を証拠として提出したり、作成者とされる者を尋問したりするなどの立証方法もありうる[24]。電子メールであれば、送信元や送信先の情報等の記録（メールヘッダ）を、印刷して証拠提出することもある。

　また、電子文書の作成者に争いがない場合であっても、内容に改ざんがあるとして争われれば、証拠としては低く評価されうる。たとえば、どのような立証がされていたかは明確ではないが、Excel で作成された電子文書のメモにつき、事後的な改変が可能であるから信頼できないとした裁判例がある（名古屋高判平28・7・20労判1157号63頁）。

　証拠力という観点からは、重要な電子文書の作成時には電子署名やタイムスタンプを利用し、なりすましや改ざんを困難にしておくことも考えられる。

24　高橋郁夫ほか『デジタル証拠の法律実務 Q&A』（日本加除出版、2015年）182頁。

第2章　ビジネスプロセスとビジネス法文書

　本章では、A社がB社に部品製造を依頼し、その後トラブルが生じた事例を設定し、ビジネスプロセス毎のビジネス法文書の役割や注意点等について説明する（なお、以下の事例のプロセスでは、ビジネス法文書に限らず、文書に関係するものは太ゴシックで表記している）。

1　スタート時

（以下の①〜⑬の番号は、プロセスを説明の便宜上ナンバリングしたものである）

---

①　A社の担当者→B社の担当者

　「当社の新製品用に、○○、△△といったスペックの部品製造が可能ですか。」と**メール**で照会

②　A社作成の新製品の**図面や関連資料**をベースにA社・B社で協議（**会議メモ**作成）

（②-2　情報開示に先立ち**秘密保持契約書**の締結）

③　A社・B社間で打合せを続け、**報告メモ**（社内向け）、**議事録**（双方確認用）、**見積書**作成

④　**仕様書案**作成（A社が作成した形になっているが、内容についてはB社が深く関与）

---

(1)　発注側の立場

　A社側は、①〜④の段階の文書を法的効力のない打合せ資料（②-2の秘密保持契約書を除く）という前提で作成しまたは受領していることが多い。しかし、③④の文書も内容の成熟度如何により、契約の成立を裏付ける証拠

として評価されるケースがある（特に、契約書が作成されずに、④の仕様書案だけで事業がスタートしてしまったような場合はその傾向が高まる）。

　A社が打合せ段階の書面に法的拘束力を与えたくない場合、以下のような文言を添えて作成することになる。

● 「現時点の協議内容を記したものであり、法的拘束力を有するものではありません。」

● 「両者の代表者の記名・捺印付の書面が作成されるまで、両者に何らの権利義務も生じさせません。」

● 「社内での所定の手続を経て、はじめて法的な効力を有するものです。」

● 「商法512条（商人がその営業の範囲内において他人のために行為をしたときは、相当な報酬を請求することができる。）は③④の過程には適用されません。」

(2)　受注側の立場

　一方、B社側としては、見積段階、仕様書案作成段階での費用を請求したい場合がある。実際に、準備段階でも相応の費用が生じているのが通常だろう。

　この場合、B社としては商人に相当額の報酬請求権を認める商法512条を根拠に報酬を請求することも考えられるが、何をもって "相当な報酬" とするか問題になる。また、A社側としては、③④の段階の作業は両社の共同準備作業で、B社だけの行為に基づく成果ではないという言い分も考えられる。

　よって、B社としては交渉の初期の段階から（本事例の①か②の段階）で、契約締結前の作業内容、その有償・無償の有無、有償の場合の対価、および支払期限等を文書化し、A社側に承諾を得ておくことが有用である。むろん交渉が必要となるが、見積書や仕様書段階の場合、契約締結後の作業報酬に比べて金額が低くなるため、A社側の決裁も上部組織の判断を仰がず、担当者の部単位で決裁がとれる場合もある。

2　契約の成立からトラブル対応初期段階まで

⑤　Ａ社→Ｂ社　　申込みの意思表示

「Ｂ社に、添付仕様書の内容での製造を依頼したい。」と**注文書＋仕様書**を送付（注文書には数量、価格、納期、納入場所、支払時期、支払場所の記載あり）

⑥　Ｂ社→Ａ社　　承諾の意思表示（＝⑤の申込みに対する契約成立）

「承知しました。」と**メール**

　その後、Ｂ社の部品を組み込んだＡ社製品の販売は好調に推移。**注文書と承諾書**による取引が続く。ところがＢ社側のトラブルにより、すでに承諾済みの注文書記載の納期どおりにＡ社に部品を納品できない可能性が高まる。

⑦　Ｂ社→Ａ社（Ｂ社担当部長よりＡ社担当部長あて）

　通知書（「納期遅延の見込みのお知らせ」）送付

⑧　Ａ社→Ｂ社

「**ご連絡**」（Ａ社担当部長よりＢ社担当部長あて）送付

「納期遅延について承諾できない。

　発注見込み書を〇か月前から出した上で納期厳守であることは度々会議でもメールでも伝えていた。

　仮に〇日遅れると、部品調達後の至急の作業にかかる割増し費用等〇〇の追加費用が生じ、また至急運送するための物流費の変更等により、損害が少なくとも〇〇円になる見込みである。」

⑨　Ａ社⇔Ｂ社

担当者同士で状況確認の**メールや会議**（**議事録**作成）

(1)　契約の成立まで

ア　契約の形式

　本事例では、⑤⑥のとおり**注文書とそれに対する承諾**により契約を成立させている。紙で作成されているのは注文書だけで、承諾はメールによって行われている。契約は申込みと承諾の意思の合致で成立し、必ずしも契約書を作成する必要はない（民法522条）。

　当事者間ですでに包括的な**取引基本契約書**が締結されている場合は、取引基本契約書上に、個別取引に関する契約（以下、「個別契約」という）の成立方法が定められており、その規定に従い「注文書と承諾」により個々の契約を成立させていることが多い（本事例もそのようなケースを前提にしている。なお、個別契約に関しては、コンピュータネットワークを介して電子データの形態で交換する方法（以下、「EDI」という）の導入が、特に製造業・流通業の分野で進んでいる[22]）。

　なお、ビジネスの遂行面だけに注目すれば、基本契約書も特に作成することなく、注文書・仕様書とそれへの承諾のみで売買契約を成立させても差し支えなく、時間の短縮にもなる。しかし、契約不適合責任や解除の場合の手続が記載された契約書を締結しておいた方が、トラブル時の対応の手間を軽減できる。

イ　ビジネス契約における意思確認

　A社・B社はそれぞれ法人であるため、契約締結にあたっては、社内の関係者の意見の集約・調整が必要となり、それに対応したうえで、おのおのの会社としての意思表示を相手方に対して行う（第1章4(2)ア【特徴1】）。

　また、法人の場合、そもそも意思表示を行っている者が、会社を代理（代

---

[22]　NTTデータ経営研究所「平成29年度　中小企業・小規模事業者決済情報管理支援事業『調査報告書』」参照。

表）して意思表示を行う権限を有しているのかどうかについても確認を要する（第1章4(2)ア【特徴2】参照）。

ウ　契約内容

契約内容については、適用される強行法規がないか、公序良俗に反するような内容になっていないかについて確認を要する（第1章4(2)イ【特徴5】）。

たとえば、A社が下請法上の親事業者に該当する場合、A社はB社に対して下請法3条に定めた内容を記載した書面（以下、「3条書面」という）を交付する義務がある。3条書面には、公正取引委員会規則で定めるところにより下請事業者の給付の内容、下請代金の額、支払期日および支払方法その他の事項を記載する。公正取引委員会のホームページ上で書式例も開示されている。

(2)　トラブル時の対応

ア　トラブル初期段階のやりとり

トラブルの初期段階では、通常、現場担当者が中心となって状況報告、原因の説明、今後の対応等にかかるやりとり、協議等を行う。当事者間の協議が膠着して行き詰まってくると、相手方（本事例であればB社）が情報開示やコンタクトを避けてくる傾向にあるため、いかに初期段階で具体的な事実を把握するかも重要である。関係者とのメールのやりとり、電話でのやりとりを社内報告用に作成したメモ、会議での議事録等は、社内的には事実確認の共有ツールとして、相手方との関係においては交渉のベースとなる事実として、そして裁判の際には証拠として、用いられることになる。

この段階のやりとりの書面化は、事実を正確に、かつ、当該事実の分析・評価（確認できたのか、できていないのか、決定したのか、していないのか、重要な事項かそうでないのか）を意識して、作成する。さらにいえば、自社に不利な事実が証拠として残るのを避けるべく、そもそも不利となるような事実

をもとから発生させないという意識も必要となる。

イ　トラブル報告

本事例では前記⑦で B 社から A 社に「納期遅延の見込みのお知らせ」という通知文を発送している。事実が早期に伝えられることで A 社側も損害を軽減する方法を検討することができる。

契約書上にトラブル発生時の速やかな通知・報告義務を規定する場合も多いが、仮に契約書に明記されていなくとも契約関係に入った者同士の信義則上の義務として報告義務が認められる場合がある。

ウ　損害の予想

B 社からの納期遅延見込みの通知に対して、A 社は以下のよう返信を送っている（前記⑧）。

「納期遅延について承諾できない。

　発注見込み書を○か月前から出した上で納期厳守であることは度々会議でもメールでも伝えていた。

　仮に○日遅れると、部品調達後の至急の作業に係る割増し費用等○○の追加費用が生じ、また至急運送するための物流費の変更等により、損害が少なくとも○○円になる見込みである。」

この返信には三つの法的なポイントがある。

❶　まず、「承諾できない」、つまり納期の変更には応じない旨の意思表示が冒頭にある。

❷　次に、「発注見込み書を○か月前から出した」ことや「納期厳守であることは度々会議でもメールでも伝えていた」という点は、納期が確定

していたこと、準備期間も設けたうえでの納期であったこと、納期が
Ａ社にとって重要であったことをＢ社に（または将来的には裁判所に）
伝える意味がある。

❸　最後に、Ｂ社は納期遅延によって損害が生じることや、損害の内容や
損害見込み額を伝えている。損害賠償請求では、何が通常発生する損害
にあたるのか、特別な事情がある場合に債務者側（Ｂ社）が当該事情を
予見すべきだったかといった点が問題になる。この点、Ａ社は、Ｂ社の
部品の納入遅れにより生じるさまざまな事態についてあらかじめＢ社
に伝えることで、Ｂ社が予見すべきであった事情を幅広に設定しようと
している。

トラブル時に生じうる損害については、平常時にシミュレーションにより
把握しておくと、トラブルが実際に生じた際、迅速に損害の見積りを算出で
きる。リスクについて、時折、「ゼロか100か（起こるか、起こらないか）」で
論ずる向きも見受けられるが、リスク分析は定量化してこそ全体への影響を
判断できる。

ただし、常に見積りどおりの損害になるとは限らないため、相手方に伝え
る際はある程度含みをもたせた表現としておいた方がよい場合もある。

3　相手方への法的請求から解決まで

⑩　Ａ社の検討
　Ｂ社は結局、納期に遅延し、⑧に記載した損害が生じた。
　トラブルが判明した直後から、Ａ社の担当者は別の調達先からの調
達を検討し、調整を進めていた（今回の納期には間に合わなかった）。
　Ａ社の会議では、Ｂ社担当者からの**メール**内容やこれまでの**議事録**等
を確認し、検討した結果、今後も納期遅延の発生リスクがあると判断
し、今後はＢ社との取引をストップすることとした。

⑪　Ａ社→Ｂ社（※両社とも代表取締役名）

「ご連絡及びご請求」と題する書面の送付（内容証明郵便）

・新たな発注は行わないことを通知。

・納期遅延に基づく損害賠償を請求。

⑫　Ｂ社→Ａ社（※両社とも代表取締役名）

「回答書」の骨子（内容証明郵便）

・納期遅延の事実は認めるが、最終的には全部納品しており軽微な違反である。

・Ａ社の損害額について争う。

・今後の発注がキャンセルされる場合、損害賠償請求を検討する。なお、仕様書にはＢ社のノウハウが含まれており、今後他社に製造を発注するのであれば許諾料を請求することを検討する。

・今後の解決に向けて話し合いをしたい。

⑬　Ａ・Ｂ社間で協議を重ね、以下の内容を骨子とすることを確認し、**議事録**を作成。その内容を反映して**合意書**作成。

「合意書」の骨子

・Ｂ社がＡ社請求額の８割を賠償金として支払う（○○円）。

・仕様書に係るノウハウ含めた知的財産権は取引基本契約書記載のとおりすべてＡ社に属していることを確認する（Ｂ社に仕様書に関する請求権がないことの確認）。

・今後の発注については新規に契約書を作成して実施する。

・調達リスク回避のため、Ａ社は対象部品の発注については、二社以上の体制で行う予定であり、Ｂ社をその候補に含める。ただし、候補とするためには、Ｂ社が○○○○の製造能力を整えていることを要する。

(1)　法的アクションとビジネスアクションの準備

以下では、本事例の⑩の場面以降の A 社・B 社の対応状況を記載する。

ア　A 社側の準備

A 社は B 社の部品納入遅延を受けて、❶損害をどう回復するか（**法的アクション**）、❷今後の部品調達をいかに進めるか（**ビジネスアクション**）を検討した。なお、❷の点は B 社との契約継続の有無（解除するかどうか）に影響するため法的アクションでもある。

(ア)　損害の範囲、損害額の計算

A 社の損害については、前記⑧で試算した割増費用、物流費の増加分の費用に加え、自社工場の残業代増加分、物流担当者の残業代も請求すべきだという意見があがった。

これらの検討の際には、**協力会社や物流会社からの請求書、関係者の残業時間等のデータ**を会議メンバーで共有し、部品の納入遅れと関係するものをピックアップした。

また、今後、B 社からではなく、X 社からの部品を用いることになるが、それにあたって、A 社側で生産プロセスの一部修正を要するので、それにかかる費用も請求したいとの声があがった。

はじめて会議に参加していた法務部メンバーからは、民法および B 社と締結済みの**取引基本契約書**に基づき、「損害については、B 社の債務不履行から通常生じた損害と、特別に生じた損害であっても B 社が予見すべきであったと客観的に評価される事情によって生じたものは賠償請求の対象となる」との説明があったが、会議の結論として、関連する損害額はすべて請求することとなった。

(イ)　B社との取引中止、新たなX社との取引

　B社との今後の取引を解消するにあたっては、法務部メンバーより、「共通の取引基本契約に基づき我が社の別工場がB社と取引しているため、会社として現時点で取引基本契約を終了することはしない。新たな発注をしない、つまり新たな個別契約を締結しないことで本部品については取引中止という形をとる」との説明があった。なお、X社との新たな取引にあたっては、従来の雛型契約のまま使うのではなく、今回のB社とのトラブルがX社との取引でも起こったことを想定した文言を入れるとの説明もあった。

　参加していた購買担当者より、B社へ送付済みの**発注見込み書**を回収する必要があるかどうか質問があり、発注見込み書が回覧された。当該発注見込み書には右上に（参考）という文字が印字されていた。法務部メンバーからは、「今後発注しないことは通知するが、発注見込み書にはとくには触れない。B社から主張があれば、個別契約が成立していない。発注見込み書はあくまで参考書面に過ぎないという回答をする」との発言があった。

イ　B社側の準備

　B社側は、A社の発注とりやめの事態までは想定していなかったため、急な対応が迫られることとなった。

　B社の法務部は至急関係者のヒアリングをし、資料を集めたうえ、顧問弁護士と相談し、以下の方針を立てた。

● 納期遅延は事実なので、法的に妥当な範囲では賠償に応じる

● 取引終了は避けたい。今回の納期遅延の後、再発防止策をとり、発注見込み書とおりの製造をクリアするため増員も予定している

● 発送見込み書の存在を理由にA社に発注義務があるという主張もしたい

● 仕様書作成にあたって労力もかけているし、他社へそのまま発注されるのは納得できない。その場合は、何らかの対価を得たい

⑵　請求書・回答書の記載例

　前記⑴でおのおのの社内検討を経て、A社、B社それぞれが作成した通知文の例を以下で紹介する。

ア　A社からB社への「ご連絡及びご請求」

ご連絡及びご請求

〇年〇月〇日

B株式会社

代表取締役社長　甲村太郎　様

株式会社A

代表取締役　乙田誠

１．納期遅延の発生

　当社と貴社との間で〇年〇月〇日に締結しました「取引基本契約」（以下「本契約」といいます。）に基づき締結された〇年〇月〇日付け個別契約により貴社に発注した〇〇部品につき、別紙記載のとおりの個数及び日数で納期遅延が発生いたしました（以下「本件納期遅延」といいます。）。この点につきましては、すでに貴社とのやりとり（〇月〇日付け面談議事録）で確認いただいております。

> **コメント**
> ✓　相手方に不利な事実を、証拠とともに固める。

　本件納期遅延の原因は、貴社の〇〇〇に基づくものです（〇月〇日付け通知書）。当社は、当該原因の発覚当時から、納期遅延により当社に生じるトラブル、損害額等についてご説明をし、納期遵守を再三お願いし、対策についても協議させていただいておりました。

> **コメント**
> ✓　納期遅延によって生じる事態や、損害の発生を予想しうる情報がなかったとB社に言わせないことを意識した文章である。

　しかしながら、結局、貴社は本件納期遅延を生じさせ、当社の生産ライン、取引先、協力先等に多大な悪影響と損害が生じました。この点についても、すでに貴社に対して○月○日の協議の場でご説明させていただいたとおりです（○月○日付け面談議事録）。

> **コメント**
> ✓　2以下に記載するアクション（取引終了と損害賠償）をとる理由を記載する。

2．○○部品についての取引終了

　当社の生産体制において安定的な部品供給は必須であることから、当社は○○部品の発注体制を見直すこととしました。今後、○○部品について、貴社との間で新たに本契約に基づく個別契約を締結することはないこと（○○部品を新規に発注しないこと）をご連絡します。

> **コメント**
> ✓　将来分の発注見込み書の扱いについてはあえてA社からは言及していない。
> ✓　これまでのやりとりで、A社側は、発注見込み書の記載内容を根拠の一つとしてB社にクレームを言っており、発注見込み書には事実上それなりの拘束力があることを前提とした交渉をしているので、取引停止の際、将来分の発注見込み書の扱いについてB社からクレームが来ることは予想している。

> ✓ A社としては、取引基本契約書に個別契約の成立手順が明記
> されていることから、「発注見込み書では契約は成立していない」
> ことを理由に反論できると考えているが、まずは、新規発注停止
> の事実だけ伝えることとした。

3. 損害賠償のご請求

　本件納期遅延は、本契約○条の履行遅滞に該当し、当社は貴社に対して履行遅滞により生じた損害の賠償を請求する権利を有します（本契約○条）。本件納期遅延により当社が被った損害額は金○○○円であり、内訳は以下のとおりです。明細も添付いたします。つきましては、下記口座宛てにすみやかに全額をお支払いただくようご請求します。

【損害賠償額の内訳】

●●の損害金　　　　　　××円　　　△△の損害金　　　　　　××円

□□に支払った追加費用　××円　　　■■に支払った追加費用　××円

【支払先】

XXX 銀行 XXXX 支店　口座番号 XXXXXXX　名義人○○○○○○○

　以上、ご連絡及びご請求します。

イ　B社からA社への「回答書」

回答書

○年○月○日

コメント

✓　事案にもよるが通知を受領してから2週間程度で返信を出す

> 　ことが多い。
> ✓　先方からの通知書に回答期限が記載されている場合は、合理的期限であればその期限内に回答することも多い。

株式会社 A

代表取締役社長　　乙田誠　　様

B 株式会社

代表取締役社長　　甲村太郎

　○年○月○日付け貴社からの「ご連絡及びご請求」と題する書面（以下「ご連絡書」といいます。）に対して、本書をもって回答します。以下、明記しない限り、本書における用語の定義はご連絡書と同一とします。

　まず、本件納期遅延が生じ、ご迷惑をおかけしたことをお詫びします。しかしながら、ご連絡書記載の新規発注の停止と損害賠償の支払については承諾できません。

> **コメント**
> ✓　履行遅滞については認めて謝罪したうえで、A 社の通知内容・損害賠償請求については承諾できないことを記載する。

　本件納期遅延はあったものの、最終的には全品納品されており、重大な契約違反とは評価できません。本契約に基づく貴社との取引は○年に及びますが、本件納期遅延のような事態は初めてだったことは貴社もご承知のとおりです。また、貴社からは○月○日付けの発注見込み書（以下「見込み書」といいます。）を受領しております。軽微な契約違反で当社への発注を停止することは、これまでに取引の経緯に照らすと、貴社の発注義務違反とされる可能性もございます。

 当社は、見込み書記載に沿った生産を確実にすべく計画をたて、人員増加や新規設備投資にも着手しておりますので、本件納期遅延のような事態を再発させることはありません。

 従いまして、○○部品についての取引終了については承諾できません。仮に終了となった場合は、見込み書実現のために当社が要した費用、及び○○部品の仕様に係る当社の権利・ノウハウ等の許諾の対価についての貴社へのご請求を検討せざるを得ません。

コメント

✓ 軽微（とBが評価している）な違反で新規発注をA社が止める場合、A社に対して信義則上の発注義務違反を主張する可能性を示している。

✓ B社としては、A社からの見込み書をベースに新規投資したこと等を述べ、B社に対して損害賠償請求をする可能性があることを示している。また、トラブルの再発見込みがないことを示して、今後の取引を終了する理由がないことを述べている。

✓ 取引再開その他円滑な解決を望んでいるため、「請求する」と明言せず、「検討せざるを得ない」として、表現を和らげている。

 損害賠償請求の金額についても、前述のとおり、当社は全品納品しており、●●について××もの損害が通常発生するものとは認められません。また△△の損害について当社が予見すべきであった事情から生じたものではなく、当社が賠償すべき損害とは認められません。■■についても同様です。なお、□□についての損害額については全額お支払をさせていただきます。

コメント

✓ 通常損害、特別損害を意識して、認められる損害、認められな

```
い損害について回答している。
```

　このように、当社はご連絡書の内容には承諾できません。当社は、貴社とのお話し合いで本件を円満に解決し、今後も共にビジネスを発展させていくことを強く希望しております。つきましては、協議の場を設けさせていただきたく、別途、候補日、メンバー等につきご連絡差し上げますので、ご検討の程よろしくお願い申し上げます。

⑶　合意書の記載例

　前記⑵の通知のやりとり後、A社とB社は和解により解決することとした。

合意書

A社とB社は、○年○月○日にB社が発生させたA社に対する○○部品供給の納期遅延（以下「本件納期遅延」といい、数量、日付は別紙1のとおりとする。）につき、以下のように合意し、本合意書を作成する。

コメント
✓　定義することで紛争の範囲を、客観的に明確にする。

第1条　損害賠償金の支払
　B社は本件納期遅延により生じたA社への損害賠償請求金として、金○○○円を○月○日限り、A社指定の口座宛てに振込み入金することにより支払う。振込手数料はB社が負担する。ただし、B社が支払を遅延した場合の遅延利息は年14.6％とする。

コメント

✓　金額、支払日、支払口座、振込手数料の負担、遅延した場合の
利息は、金銭の支払義務を記載する場合の基本的記載事項である。

第2条　○○部品の仕様に係る知的財産権の帰属についての確認

A社とB社は、別紙2添付の○○部品の仕様に係るすべての権利
（関連するドキュメント等の著作権を含む）は、権利発生時よりA社に帰
属することを確認する。B社は、すでにA社より○年○月○日に受領
済みの委託料××円により、○○部品の仕様決定に至るまでにB社が
実施した業務の対価（知的財産権に係る対価を含む）を得ていることを認
める。

コメント

✓　○○部品の仕様に係る権利が当初からAに帰属していること
に加え、B社の貢献分については委託料で支払済みであること
を確認し、トラブルの再発を予防している。

第3条　○○部品の発注

A社及びB社は、○○部品の今後の発注につき、以下のとおり確認
し、合意する。

⑴　A社は○○部品についてB社に対してのみ発注しなければならな
い義務を負わず、第三者に対する発注も検討できる。

⑵　前項にかかわらず、○年○月○日付けA社からB社に交付した別
紙3添付の発注見込み書（以下「発注見込み書」という。）に係るもの
については、B社が下記①②の条件をすべて満たしている場合に限
り、B社のみに発注する。

①　B社が第1条の義務を履行済みであること

②　B社は最低限月×××の供給体制を備えており、納期遅延のおそれがないこと

(3)　前項の定めは、A社が発注見込み書記載のとおりの個別契約をB社と締結することを約するものではなく、従来の両者間の取引関係と同様に、市況やA社の生産計画等によりB社に対する発注量が変動することがある。

コメント

✓　A社としては、今後、複数体制での○○部品調達を検討しているため、(1)で今後の紛争予防のため、B社以外にも発注できることを確認している。

✓　ただし、すでに発注見込書を交付しており、従来の取引関係からするとB社に発注することが予定されていたこと、B社も必要十分な体制を整えたことから、交付済みの見込分は、B社へ発注することを(2)で約している。

✓　もっとも、あくまで、従来どおりの「発注見込み」であり、A社が見込み書のとおりの発注量を発注する義務を負っているものではないこと（具体的条件は個別契約で定めること）を(3)で確認している。

第4条　精算条項

本合意書に定めた事項を除き、本件納期遅延に関してA社とB社の間には何らの債権債務関係も存在しないことを、A社及びB社は相互に確認する。

（以下　略）

別紙1～3　（略）

第3章　ビジネス法文書作成上の留意点

1　法文書の基本型の確認

(1)　訴状の記載例

　狭義の法文書は、『法律効果を発生させるために、法律要件を満たすよう、意思や事実を記載する文書』である（第1章1(1)ア）。

　狭義の法文書として端的にわかりやすい例は民事訴訟の訴状であろう。訴状とは、ある者が他の者に対して特定の権利を主張するべく裁判所に審判を求めて作成する法文書である。民事訴訟法133条2項は、訴状に記載しなければならない事項として以下を定めている。

訴状には、次に掲げる事項を記載しなければならない。
一　当事者及び法定代理人
二　請求の趣旨及び原因

　ビジネス法文書の場合も「当事者」の記載（ex　社名）は必須であり、会社を代表または代理する者（ex　代表取締役や担当者）の名前も記載する。また、「請求の趣旨」とは、ビジネス上の目的を達成するべく獲得すべき法的ターゲット（ex　損害賠償請求、解除その他 etc.）、であり、「請求の原因」とはその法的ターゲットを得るために必要な事実関係である（ex　契約の存在、期限の到来、義務の不履行の事実 etc.）。

　裁判所はホームページ上で民事訴訟・少額訴訟の訴状の書式を提供しており、記入すれば、訴状で最低限必要な記載事項が満たされるようになってい

る。以下、裁判所が開示している「売買代金請求訴訟の書式」を例に、狭義の法文書の構成要素を検討する。

ア　当事者

当事者を名前、住所で特定する（なお、裁判の場合は書類の送達のためにも住所が必要となる）。

原告（申立人）	〒 住　所（所在地） 氏　名（会社名・代表者名） 　　　　　　　　　　　　　　　　　　　　　　　　印 ＴＥＬ　　　　－　　　－　　　ＦＡＸ　　　－　　　－	
	送達場所等の届出	原告（申立人）に対する書類の送達は，次の人に宛てて行ってください。 □上記住所等 □勤務先　名　称 　　　　　〒 　　　　　住　所 　　　　　　　　　　　ＴＥＬ　　　－　　　－ □その他の場所（原告等との関係　　　　　　　　　　　） 　　　　　〒 　　　　　住　所 　　　　　　　　　　　ＴＥＬ　　　－　　　－
		□原告（申立人）に対する書類の送達は，次の人に宛てて行ってください。 　氏　名
被告（相手方）	〒 住　所（所在地） 氏　名（会社名・代表者名） ＴＥＬ　　　　－　　　－　　　ＦＡＸ　　　－　　　－	
	勤務先の名称及び住所 　　　　　　　　　　　ＴＥＬ　　　－　　　－	

イ　請求の趣旨

　求める裁判の内容、つまり、求める法律効果、法的ターゲットを記載する。売買代金請求の法的ターゲットは「○○円の金員を支払え」であり、付帯する請求として、通常、遅延損害金も請求する。

請求の趣旨	1　被告は，原告に対して，次の金員を支払え。 　　　金　　　　　　　　　　　　　円 □　上記金額に対する { □平成　□令和　　年　　月　　日 } から支払済みまで { □訴状送達の日の翌日　　　　　　　 } 　　　　　　　　の割合による金員 2　訴訟費用は，被告の負担とする。 との判決（□及び仮執行の宣言）を求めます。

ウ　紛争の要点（請求の原因）

　法的ターゲットを記載した後、その請求原因を記載する。売買代金請求の場合、「売買契約の成立」と「代金支払がないこと」となる。

紛争の要点	原告（　　　　　　　　　　　業を営む者）が被告に売り渡した物件 契約日　□平成　　年　月　日（から　□平成　　年　月　日まで） 　　　　□令和　　　　　　　　　　　□令和 品　目 数　量 代金　金　　　　　　　　　　　　　円 支払期日　□平成　□令和　　年　　月　　日
	代金支払状況

（請求の原因）	□支払なし □一部支払あり　　金　　　　　　　　　　　　　　円
	その他の参考事項

これが貸金返還請求の場合は、同じく裁判所の書式例に従うと、請求の原因として以下の事項を記入することになる。このように請求の趣旨によって要記載事項が異なるのである。

紛争の要点（請求の原因）	原告は，被告　　　　　　　　　　　　に対し，次のとおり金員を貸し付けた。 　　貸　付　日　　□平成　□令和　　年　　月　　日 　　貸付金額　　金　　　　　　　　　円 　　利息の定め　　□あり（　　　　　　　　　）□なし 　　返済期の定め　　□あり（□平成　□令和　年　　月　　日） 　　　　　　　　　□なし（□平成 　　　　　　　　　　　　　□令和　年　　月　　日に返済を申し入れた。） 　　遅延損害金の定め　　□あり（　　　　　　　　）□なし 　　連帯保証人　　□被告 　　その他の特約
	返済状況　　□返済なし 　　　　　　□一部返済あり 　　　　　　□平成　□令和　　年　　月　　日　金　　　　　　　　　円
	その他の参考事項

　民法その他法律に基づいて裁判上の請求を行う場合、請求原因に書かなければいけない要記載事項は法定されているため、上記のように裁判所の書式を用いるか、弁護士に依頼するなどして、要記載事項をもらさず記載することが必要になる。各請求や通知における必要パーツの記載例については第2編も参照されたい。

(2) 訴状とビジネス法文書との比較

　ビジネス法文書の作成にあたり、上記の訴状と比較すると文書の構成についてのイメージがクリアになりやすい。

　すなわち、第1章2で法文書の構成要素を「法律効果部分（権利義務の発生に直接関連する事項）」と「関連事実部分」として説明したが、後記の解除通知のビジネス法文書を例にとると、パーツ1〜5は、前述の訴状における「当事者」「請求の原因」「請求の趣旨」である。そして、「間連事実部分」は、訴状における「その他の参考事項」にあたる。

　以下では、解除通知の例で説明する。

ア　法律効果部分（権利義務の発生に直接関連する事項）

パーツ1：誰と誰の（A社とB社）
パーツ2：いかなる権利関係について（A社・B社間の契約に基づく権利義務）
パーツ3：いかなる理由で（B社による△△が、契約×条に違反）
パーツ4：いつ（○年○月○日付で）
パーツ5：何を（A社が契約解除の意思を表示する）

　上記のパーツは訴状の「当事者」、「請求の原因」、「請求の趣旨」にあたる部分である。

イ　関連事実部分（解除者である A にとって有益な事項）

例）A 社による解除権の行使が権利濫用とみなされない事情

「契約×条については、本契約締結前のミーティングの際にも、貴社による△△△の履行が不十分であると本契約の目的が達成できないことはお伝えしており……」

「改善のため何度か協議を申し入れたものの、貴社には応じていただけず、やむなく本件解除通知を送るに至りました」

上記の例は訴状の「その他の参考事項」にあたる部分である。

なお、上記の解除通知で、契約を解除するだけでなく、既払代金の返還を求める場合、「〇月〇日に代金として100万円を B 社に支払った」事実を請求の原因に追加したうえで、「100万円を支払え」と請求を立てることになる。

もっとも、裁判ではなく、交渉による回収を求めるビジネス法文書であるから、「100万円を支払え」といった表現ではなく「当社が貴社に支払済みの代金100万円を、直ちに下記口座宛てに返金いただくよう本書をもって請求します」といった表現を用いるのが通常である。

2　ビジネス法文書作成時の留意点

法文書の基本型に加えビジネス法文書では、以下のチェックポイントを押さえておく必要がある。いずれも、ビジネス法文書が持つ五つの特徴（第1章4⑵参照）から導かれるポイントである。これらは、〈図4〉で示したとおり、ビジネス法文書が、法人により作成されること、取引上の文書であること、社会的存在であることを意識する必要があることに由来する。

(1)　法人が作成することに由来するもの

【ポイント1】　会社の意思や会社に関する事実の確認が必要

● 目的設定や正確な事実の記載のために社内情報、関連資料・データの収集が必要

【ポイント2】　名義人の確認が必要（自社・相手方双方）

● 法人に法的効果が帰属する文書とするために、権限のある作成者による作成が必要（誰が作成名義人となるべき文書か）

● 文書作成権限に関する社内規則の確認も必要

---

(2)　取引上の文書であることに由来するもの

【ポイント3】　ビジネス目的によるチェックが必要

● まずビジネス上の目的を設定し、それに見合った法的手段を考え、文書化する

【ポイント4】　相手方との交渉段階に応じた使い分け

● 交渉段階に応じて、誰を差出人・あて名とするか、文書に法的拘束力を与えるか、与えないか等について検討する

---

(3)　社会的存在であることに由来するもの

【ポイント5】　法令遵守の要請、社会のレピュテーションへの配慮

● 法令、判例、ガイドライン、社会の動向も踏まえ、法文書の内容が適法・適切かどうかを確認する

3　ビジネス法文書作成の流れ

(1)　トラブル発生時の請求書・通知書

　紛争系のビジネス法文書の場合、事実を特定・分類して分析し、それを
もって主張を組み立て、請求根拠・通知理由とする。これらをフローで示す
と〈図9〉のようになる。

〈図9〉　ビジネス法文書作成の流れ

```
┌─────────────────┐
│ 事案発生の把握   │
└─────────────────┘
        │
        ▼    ・イベントとなる事項の発生（相手方の契約違反、相手方または第三者
              　からの通知書や警告文等）
┌─────────────────┐
│ 事実の整理       │
└─────────────────┘
        │
        ▼    ・社内の関係部署からのヒアリング・資料収集
             ・時系列表の作成
┌─────────────────┐
│ 目的の設定と確認 │
└─────────────────┘
        │
        ▼    ・ビジネス目的とそれを達成する法的手段（法文書）の検討と選択
             ✓　目的の設定（目的達成のためのコスト・目的達成時の成果の確認と
             　　ともに）
             ✓　法的手段の選択と適法性、妥当性のチェック
┌─────────────────┐
│ 事実のピックアップ│
└─────────────────┘
        │
        ▼    ・選択した法的手段のための文書作成に必要となる事実のピックアップ
┌─────────────────┐
│ 事実を「確かな事実に」│
└─────────────────┘
        │
        ▼    ・事実毎の資料収集・整理、事実と証拠の紐づけ
┌─────────────────┐
│ 事実の分析       │
└─────────────────┘
        │    例）納入日が○月○日→契約の定めと異なる
        ▼    例）OSが○○○対応→サポート期間が徒過
┌─────────────────┐
│ 主張と請求の整理 │
└─────────────────┘
        │
        ▼    ・「確かな事実」と「分析」で主張し、請求・通知する
             ・主張部分と、請求・通知部分を分ける
             ・主張部分は証拠に基づき的確に、請求・通知部分は簡潔に
┌─────────────────────────┐
│ 文書作成・プルーフリーディング │
└─────────────────────────┘
```

(2)　報告書・確認書

ア　報告書・確認書の特徴

　トラブル対応としての請求書や通知書ではなく、権利義務に関係する事実の共有化（証拠化）のために作成する広義のビジネス法文書の場合、一般的には、①簡潔で要を得た、②そして法的効果との関係も考慮した文書を準備することになる（ただし、事案によっては、詳細な内容が必要になる場合もある）。

イ　簡潔で要を得た文書

　簡潔で要を得た文書とは何かについて、戦時下の1940年にウィンストン・チャーチル首相が政府の各部局長に送ったメモ[23]を紹介したい。

（参考）　BREVITY（簡潔）というタイトルのチャーチル作成メモランダム

　職務を遂行するには大量の書類を読む必要があるが、ほとんどすべてが長すぎる。時間を浪費し、要点を探すのにも苦労する。

　貴兄らそしてそのスタッフに、報告書をもっと短くするべく確認することを依頼する。

(i)　報告書は、要点をそれぞれ短い、歯切れのいいパラグラフにまとめてほしい。

(ii)　報告書が、複雑な要因の詳細な分析や統計に依拠する場合、要因分析や統計は付録としてつける形としてほしい。

(iii)　多くの場合、仰々しい報告書ではなく見出しだけを並べたメモを用意し、必要に応じて口頭でおぎなったほうがいい場合が多い。

23　「WAR CABINET.　BREVITY.」Memorandum by the Prime Minister. W.P.（G）
　　（40）211. 9 TH AUGUST,1940

(iv) 「次の点にも留意することが重要である」とか、「実行可能性を考慮することが重要である」とかの語句を使わないでおこう。この種のもってまわった言い廻しは埋草（不必要な挿入句）にすぎない。これらはすっかり省略することができる、または、一語で言い替えられる。たとえ話し言葉のようになってしまったとしても、短くスパッと言い切ることを避けるな。

私が提案した線に沿って作成された報告書は、官庁用語をならべた文書と比較すると、最初は粗いように見えるかもしれない。しかし、時間を節約することには大いに役立つだろう。本当の点を簡潔に述べることは、より明確な考え方の助けになるだろう。

このチャーチルの文書（原本はもちろん英文である）は極めてすぐれたビジネス文書である。冒頭に依頼の趣旨と依頼の理由について現状の問題点とそれによる弊害に触れつつ述べ、次に、(i)文書の構成、(ii)資料の扱い方、(iii)分量、(iv)表現に関する具体的依頼事項を記載し、さらに、想定クレームとそれへの反論まで書いてあるのである。しかも簡潔に。

このチャーチルの依頼事項のうち、(i)の文書の構成、(ii)の資料の扱い方はビジネス法文書でもそのまま使える「わかりやすく伝える」のためのポイントである。(iii)の分量はケースによる。一定期間保管しておき、事後的に事実確認用に用いることが予定されているような文書は正確な記録のために詳細に残した方がよい場合もある。逆に、要配慮事項や要秘匿事項等に関する報告は、見出しだけに止め、口頭で補う場合もある。チャーチルが想定している報告書は、内部の情報共有を効率的に進めるためのものであるが、ビジネス法文書の場合は、いかなる用途か、誰の目に触れる可能性があるか等も考慮して作成する必要がある。(iv)の表現についても同様である。断言した方がよい場合、断言しない方がよい場合を、ケースに応じて使い分けることとなる。

ウ　法的効果との関係

議事録に「A社は○○、B社は□□の役割を分担することを確認した」、「新製品のB社への発注予定数は年間××とする」といった文言が議事録等に残されていた場合、前者についてはそれが法的な権利義務なのか、後者については、当該予定数の記載は法的に期待が持てるだけ成熟した内容だったのか等が争われることがある。

よって、外部と共有する報告書・確認書等については、以下のような文言を付記して、法的効果の有無を明らかにした方がよい場合がある。

● 「現時点の議論の内容を記したもので、当事者を法的に拘束するものではない」

● 「本件に関する権利義務関係は、最終契約書で明確にすることとし、本書は拘束力をもたない」

なお、法的効力をあえて曖昧にして作成しておき、後の交渉材料とする場合もあるため、これらの文言を付記すればよいとは限らない。

(3)　文書表現上の留意点[24]

ア　表記上の注意

㋐　注意しないと意味が変わる、または、意味を間違えるリスクがあるもの

● 「及び」「並びに」

A、B及びC 並びに D というように、大きな接続に「並びに」を使う。公用文では、「及び」がなければ「並びに」は使わないが、一般の文書では「並びに」を単独で使っている例も散見される。

---

[24]　公用文の用法については、礒崎陽輔『分かりやすい法律・条例の書き方〔改訂版〕』（ぎょうせい、2020年）に従った。

● 「若しくは」「又は」

A又はB若しくはCというように、大きな接続に「又は」を使う。公用文では、「又は」がなければ「若しくは」は使わないが、一般の文書では、「若しくは」を単独で使っている例も散見される。

● 「乃至（ないし）」

一般の用法では、「あるいは」「または」といった接続の意味であるが、法令用語の乃至は「何々から何々まで」として使う。

つまり、第1条乃至第5条は、第1条または第5条と読むのではなく、第1条から第5条まで（すべて）という意味になる。

● 列挙と「等」の使い方

「A、B、C及びD等」と記載すると、（A、B、C、D）等なのか、（A、B、C）と（D等）なのかが、わからない場合がある。

このような場合は「等」の使用を避けるか、「及び」を使わないで接続させた方がよい。

(イ)　「請求することができる」（形成権の場合の注意）

たとえば会社法192条は、「単元未満株主は、株式会社に対し、自己の有する単元未満株式を買い取ることを請求することができる」と定められている。これは、株主の買取請求権を定めたもので、株主が請求すれば、会社側の承諾を要せず、株式の買取りについて法的効果が生じる。このように、一方が意思表示をしただけで一定の法律関係を変動させることのできる権利を「形成権」という。

株式や不動産の譲渡契約において、買主から売主に対する買戻請求権（形成権）を定めている場合があるが、「売主に対して買戻しを請求できる」と表現される例が多い。この際、買主側の意図は形成権の行使としての「買戻請求」であるところ、売主側は「請求されても、応じなければよいだけ」（効果発生には応諾を要する）と解しているようなケースも見られる。

紛争を予防するためには、「請求することができる」に続けて、請求の結

果として生じる具体的な法的効果を明記しておくか、または、当該買主側の権利行使が形成権である旨を記載しておくことが望ましい。

㈦　語尾にニュアンスのあるもの（するものとする）

「……しなければならない」、「……する」の代わりに、「……するものとする」という表現をビジネス法文書でもよく見かける。

この用法は、義務の表現の語感を丁寧に感じさせることができるため多用されているが、公用文書では、義務を課した側に自主性を残すニュアンスで用いられることもある。この公用文における使い方が、私人間のビジネス法文書にそのまま適用されるものではないが、契約書上の相手方の義務に係る表現においては、「するものとする」よりも、「しなければならない」、「する」といった表現への変更を検討するほうが、より注意深いといえる。

イ　日本語の用法的なもの

● 送り仮名

動詞の場合は「買い取る」のように途中の送り仮名をつけるが、名詞は「買取り」「買主」のように送り仮名をつけない。

ただし、例外もある（「売り切れ」「言い争い」「買い上げ」など）。

● ○月○日付け契約書

「付」ではなく「付け」とする

● 「関する」と「係る」

どちらも「……についての」という意味を持つが、係るの方が意味が強い。ただ、ビジネス法文書では特に使い分けは意識されていないのが一般的である。

● 「いたす」と「致す」

「請求致します、請求いたします」で送り仮名として正しいのは「請求いたします」である。「致す」は動詞で使う場合は漢字となる。ビジネス法文書の実務では、特に意識せずに漢字が使われていることも多い。「していた

だく・して頂く」「してください・して下さい」も同様である。

● 句点（公用文の場合の例）

括弧と文末の句点

……（△△。）。

条文の場合

……。（第5条）

● 定義の表現

2020年5月1日付け売買契約（以下、「本契約」とする。）というように表現する。公用文の場合は、カッコ内の末尾に句点をつけている。ビジネス法文書では付けていないものも見かける。

● 数　字

特に明確なルールはないが、一桁の場合は全角、二桁以上は半角のケースが多い（ただし、判決文はすべて全角である）。

「100億、30万円」のような場合には、億・万を漢字で書くが、千・百は、「5千」「3百」としないで、「5,000」「300」と書き、大きな数は、「5,000」「62,250円」のように三桁ごとにコンマでくぎる[25]。

● フォント

特に制限はないが、電子内容証明郵便で使われるフォントは、MS明朝、MSP明朝、MSゴシック、MSPゴシックである。

なお、内容証明郵便では英字は固有名詞に限られるが、英字のフォントも日本語のフォントと同様になる。内容証明郵便以外の文書では、英字について英字用のフォントを用いることが多い（「Times New Roman」、「Arial」、「Calibri」英文契約でよく用いられるフォント）。

なお、公用文ではアルファベットは使わない。

25　昭27・4・4内閣閣甲第16号内閣官房長官依命通知参照。

⑷　最終チェック時のポイント

ア　まずは内容

- ✓　法的に必要事項がもれなく記載されているか
- ✓　法的に有効な内容か（公序良俗違反などで無効になる可能性はないか）
- ✓　作成者（または作成者が代理している本人）の利益を守る文書となっているか
- ✓　不利な証拠を自ら作出しない。ときにはあえて曖昧にするテクニックも用いる
- ✓　社会のレピュテーションも意識しているか

イ　表　現

- ✓　用語につき、適切な範囲で定義を設けているか
- ✓　平仄（順序やつじつま）があっているか
- ✓　人、物、時期、場所、行為、金銭等が文書で正確に特定できているか
- ✓　誰が読んでも、同一内容が読み取れるか（誤読の可能性はないか）
- ✓　目的・状況に合った表現か（妥協点を探る場合と、即刻裁判を辞さないスタンスの場合の表現の使い分け）
- ✓　誤字チェック

ウ　形　式

- ✓　差出人・あて先
  正当な権限があるか、事案の性質上、適切か
- ✓　署名欄
  正当な権限があるか、事案の性質上、適切か
- ✓　押印欄

　　押印を必要とするか。実印か認印か

✓　日付

　　実際の作成日付とするか、異なる場合、適切か

✓　タイトル

　　正確かつ適切か

✓　条文見出し

　　本文の内容と矛盾していないか

✓　部数

　　何部作成するか

✓　別紙

　　本文における別紙の引用は適切か、本文と一体化しているか

✓　ヘッダー

　　「秘密厳守」「取扱注意」といった文言の挿入を要するか

✓　印紙

　　印紙が必要か。原本を何通作成するか

✓　電子ファイル

　　プロパティのチェック。ファイルに内部向けコメントが残っていないか

エ　その他

✓　届け方

　　手交、郵送、メール便、電子的方法。メールで送信するときのアドレスチェック

　以上が、第1編ビジネス法文書の基礎知識である。第2編では、具体的なビジネス法文書の作成実務について、具体例と共に説明する。

第2編

ビジネス法文書の
作成実務

── 第2編のポイント ──

〈代表的なビジネス法文書の書式例と記載上の注意点の紹介〉

☆ 「請求書」
　ビジネス上、基本的に抑えておくべき各種請求書の記載例や応答例を記載しています。
　請求の発生原因の記載方法、行為の特定の仕方等をここでマスターしてください。
☆ 「警告書」
　警告書とは何かを定義したうえで、作成時の六つのポイントを説明しています。実務でよく用いられる警告書例を具体的な事例と共に記載しています。
☆ 「催告書」
　催告書は「自らの望む法律効果の発生のために相手の行為を促す文書」であり、履行請求型と確認等催促型があります。多くの催告例と応答例を注意点と共に記載しています。
☆ 「通知書」
　一定の法律効果を持たせるための意思や観念の通知、トラブル発生時の連絡文など、さまざまな通知書が存在します。通知方法や通知の到達時期についても説明しています。
☆ 「承諾・確認・拒絶の文書」
　相手方からの文書に対してどう回答するかでその後の展開が大きく変わります。ここでは、承諾・拒絶の文書を紹介し、また、実務でよく使われる確認書についても説明しています。
☆ 「社内向け文書」
　「懲戒処分に関する文書」、「希望退職者の募集に関する文書」、「従業員による SNS の取扱いに関する文書」を紹介しています。

はじめに

　約定どおりに支払われなかったサービスの対価を請求する場合、やむを得ない理由により継続的に取引をしてきた相手との契約を解除する場合、自社の知的財産権を侵害する他社サービスの存在が発覚し、そのサービスの停止を求める場合等、ビジネスにおけるさまざまな局面において、ビジネス法文書はやりとりされる。

　通常、こうしたビジネス法文書には、「通知書」等、一定のタイトルが付けられるが、タイトルが法文書のもたらす法的効果を決定づけるわけではなく、また、タイトルの選択について、確固としたルールがあるわけでもない。たとえば、相手に対して契約違反に基づく損害賠償を求める法文書一つをとってみても、実務上使用されるタイトルは、「通知書」「請求書」「ご連絡」等、一様ではない。

　そのビジネス法文書がどういった法的効果をもたらすかは、その文書の内容によって決まる。そのため、ビジネス法文書の作成にあたっては、いかなる法的効果をもたらす文書であるかを明らかにした内容が必要最小限のベースとなり、そこに、今後想定される交渉経過、交渉による解決の見込み、裁判になった場合の争点と主張・立証の構造、相手方との今後の取引関係や他の取引関係に与える影響、交渉におけるこちらの姿勢・態度等を考慮し、補足の有無・程度、表現等をアレンジ（肉付け）していくこととなる。

　こうしたアレンジについては、タイトルの選択にも同様のことが言える。法的には同じ内容の文書であっても、ビジネス法文書を出す相手に対して強い姿勢・態度であることを示すべき場合には「催告書」「警告書」といったタイトルを、相手との取引関係等にも配慮する場合には「お知らせ」「ご連絡」といったややマイルドなタイトルを選ぶなど、状況に応じてタイトルを使い分けることが通常である。なお、実務上、「通知書」は、内容や状況に関係なく、普遍的に使用されているタイトルといえる。

　逆に、相手からビジネス法文書を受け取った場合には、前述した内容の裏返しであり、いかなる法文書であるか等は、タイトルから判断するのではなく、内容から判断していくことになる。また、どういったタイトルが選択されているかは、相手の考えや姿勢を推し量る材料の一つになりうる。

　前述のとおり、文書のタイトルの選択等にルールがあるわけではないが、以下では、便宜上、次の定義を用いて、各法文書について説明をする。

【請求書】　特定の相手に対し、一定の作為・不作為を求める法文書（第2章参照）

【警告書】　法的に保護される地位にある者または法的権利を有する者が、相手の加害行為を指摘し、当該行為が是正されない場合、法的に不利益が生じることを予告し（制裁予告）、強く是正を求める文書（第3章参照）

【催告書】　自らが望む法律効果の発生のために相手に行為を促す文書（第4章参照）

【通知書】　ある事実や自分の意思を他人に知らせることを指す文書一般　請求書、警告書、催告書についても「通知書」として作成することが多い（第5章参照）

【承認書・確認書・拒絶書】　事実を認め（承認書）、または事実・権利を確認し（確認書）、または拒絶する意思を通知（拒絶書）する文書（第6章参照）

第1章　ビジネス法文書のフォーマット

　以下に示すのは、各法文書に共通することが多いフォーマット例である。第2章以下の記載例では、こうしたフォーマット例については原則として省略する。

1　差出人のフォーマット例

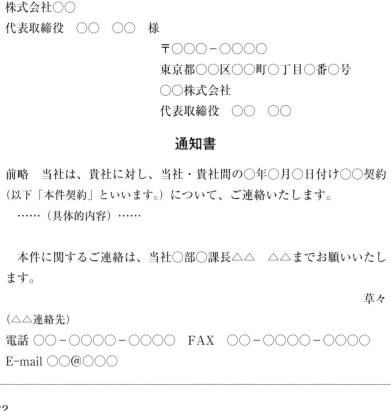

　　　　　　　　　　　　　　　　　　　　○年○月○日

東京都○○区○○町○丁目○番○号

株式会社○○

代表取締役　　○○　　○○　　様

　　　　　　　　〒○○○－○○○○

　　　　　　　　東京都○○区○○町○丁目○番○号

　　　　　　　　○○株式会社

　　　　　　　　代表取締役　○○　　○○

通知書

前略　当社は、貴社に対し、当社・貴社間の○年○月○日付け○○契約（以下「本件契約」といいます。）について、ご連絡いたします。

　……（具体的内容）……

　本件に関するご連絡は、当社○部○課長△△　△△までお願いいたします。

　　　　　　　　　　　　　　　　　　　　　　　　草々

（△△連絡先）

電話　○○－○○○○－○○○○　　FAX　○○－○○○○－○○○○

E-mail　○○@○○○

2　応答する場合のフォーマット例

```
                                          ○年○月○日
○○株式会社
○部○課　△△　△△　様

                    株式会社○○
                    代表取締役　○○　○○
                    担当：総務部長　□□　□□
                    電話○○－○○○○－○○○○

                      回答書

冠省　当社は、貴社作成○年○月○日付け「通知書」について、次のと
おり、ご回答いたします。
　……（具体的内容）……


　本件についてのご連絡は、当社総務部長□□までお願いいたします。
                                               不一
```

3　フォーマット作成時の留意点

　以下では、フォーマット作成時における概括的な留意点をあげるが、ビジネス法文書作成時の一般的な留意点については、第1編第3章2・3を参照されたい。

(1)　文書の送付方法

　ビジネス法文書には、その文書が相手に到達することによって一定の法的効果をもたらす場合があり、いつ、その文書が相手に届いたのかが重要にな

ることがある。

　そのため、相手にビジネス法文書を送付する方法は、その文書を作成・送付する目的等から決めるべきであり、文書内容と共に、その文書が相手に送達された日時を明らかにしたい場合（証拠化したい場合）には、その文書を配達証明付内容証明郵便によって相手に郵送するのが一般的である。他方、単純に、文書の内容・性質上、相手に文書が届いたことを確認する必要があるものの、その確認で足りるのであれば、ビジネス法文書が相手のポストに投函されるまでの経過を追跡できる特定記録郵便等を用いることが多い。

　現代では、文書内容と文書の送付日時を明らかにできる方法として、電子メールも有力な選択肢であるが、ビジネス上重要な意味をもつ法文書をやりとりする場合には、今も書面によることが多い。

(2)　作成日時

　文書によって相手に何かを伝える場合、その文書が作成された日時も明らかにすることが一般的であるが、このことは、ビジネス法文書にもあてはまる。

　特に、ビジネス法文書は、前述のとおり、その文書が相手に届くことにより法的効果が生じることもあるため、作成日時（通常は文書の差出日）がいつであるかは明記すべきである。

(3)　あて先・差出人の名義

　代表取締役は、会社を代表する機関であり、会社として意思表示をし、また意思表示を受領する権限を持つ。

　そのため、ビジネス法文書でやりとりする内容の重要度等にもよるが、何らかの法的効果を生じさせるビジネス法文書や、企業間の法的問題に関し、自社の見解を打ち出すビジネス法文書等をやりとりする場合には、あて先・差出人とも、会社名と共に代表取締役名まで記載するのが通常である（ビジネス法文書の作成名義等については、第1編第1章4(2)ア・第3章3(4)ウを参照

されたい)。

　もっとも、ビジネス法文書を差し出した後の実際のやりとりは、文書内容を所管する部署の責任者が窓口となることもあり、こうした場合には、ビジネス法文書を差し出すにあたり、あらかじめ、担当者の所属する部署、担当者名、担当者の連絡先等を記載し、以後のやりとりの窓口を当該担当者とすることを明示しておくことが合理的である。

　他方で、ビジネス法文書を受け取る側は、以後の相手の担当窓口が指定されている場合、当該文書に回答するにあたり、相手の会社名と共に窓口となる責任者をあて先としたうえ、回答文書を差し出すこととなる(自社でも担当窓口を設ける場合には、ビジネス法文書を差し出す場合と同様である)。

　なお、実務では、文書の末尾に差出人を記載する例も散見されるが、文書を受け取る側は、どの会社(誰)から差し出された文書であるかを認識してこそ、文書の内容を理解できるのであるから、できる限り差出人名は冒頭に記載することが望ましい。

(4)　タイトル

　フォーマット例では、一例として、比較的使用頻度が高い「通知書」、「回答書」を用いているが、冒頭の「はじめに」に記載したとおり、ビジネス法文書のタイトルは、状況に応じて、最適と考えられるものを選択する。

(5)　頭書き

　通常のビジネス文書では、時候の挨拶等を記載することも少なくないが、ビジネス法文書では、こうした挨拶を省略して、シンプルに本題に入ることも多い。

　ただ、差し出す文書内容にもよるが、読みやすい(わかりやすい)文書とする手段として、頭書きにおいて、何について言及する文書であるのかを頭出ししておくことは有用である。たとえば、本文で言及する内容が相手との特定の契約に関する事項であれば、前記1のフォーマット例のように頭書き

で当該契約に関する文書であることを、また、相手からの文書に対する回答
であれば、前記 2 のフォーマット例のように相手のどの文書に対する回答で
あるかを一言触れることが考えられる。

　電子メールの件名とも似ているが、こうした頭書きがあるだけで、ビジネ
ス法文書を受け取った側は、何に関するビジネス法文書かを把握でき、いち
早く本題に入っていきやすいからである。

　なお、第 2 章以下の記載例では、内容の理解のため、便宜上、本文におい
て「当社・貴社間の〇年 8 月 1 日付け製造委託契約（以下「本件契約」とい
います。）」等と記載しているが、頭書きで契約を特定し、略称も明記してい
る場合、本文では、単に「本件契約」とすれば足りる。

第2章　請求書

I　基礎知識

1　請　求

「請求」には、「裁判外の請求」と「裁判上の請求」がある。

裁判外の請求とは、特定の相手に対し、一定の作為・不作為を求める行為をいい、契約に基づき生じた債権の請求が典型である。裁判外の請求には、「（裁判外の）催告」として、債権の消滅時効の完成を6カ月間猶予する効果がある（民法150条。詳細は第3章参照）。

他方、裁判上の請求とは、訴えの提起を意味する。裁判上の請求により、訴えが終了する（確定判決によって権利が確定することなく訴訟が終了した場合には訴訟終了時から6カ月間が経過する）までの間は、消滅時効の完成猶予の効果が、確定判決によって権利が確定したときは、訴訟終了時から消滅時効が更新される効果が生ずる（民法147条。改正前民法では、裁判上の請求は「時効中断」事由とされていた）。

また、期限の定めがない債権については、請求をすることにより、相手を履行遅滞に陥らせる効果がある（民法412条3項）。

2　債権の発生原因

民法上、債権の発生原因は大きく分けると、契約と契約以外に分けられ、契約以外の発生原因は、事務管理・不当利得・不法行為である。なお、製造物責任法や不正競争防止法等、特に不法行為には数多くの特別法によるカバーがなされている。

また、当事者の合意（契約）に基づき発生する債権を「約定債権」、事務

管理・不当利得・不法行為といった法律の規定によって発生する債権を「法定債権」という。

3 債権以外の発生根拠

債権以外を根拠とする請求としては、所有権等の物権に基づく請求、取消権や解除権等の形成権を行使した結果生ずる原状回復請求等がある。

その他、インターネット掲示板等に会社の信用を毀損する書き込みをしていると思われる者に関する発信者情報開示請求や、行政機関に対する各種証明書の請求や情報開示請求等がある。

Ⅱ　請求書の典型例と留意すべき事項

1　金銭の支払請求

⑴　記載例

当社は、当社・貴社間の○年8月1日付け製造委託契約（以下「本件契約」といいます。）に基づき、製品α500個を製造し、○年8月31日に納品しました。

しかしながら、貴社は、本件契約に定める支払期限○年9月30日を経過した現在まで、上記委託料を支払っておりません。

ついては、本書受領後○日以内に、上記委託料○○円を本書末尾の口座に振込送金する方法（ただし、振込手数料は貴社の負担となります。）によりお支払ください。

上記期限までに上記委託料全額のお支払が確認できない場合には、やむを得ず、法的措置を検討します。

⑵　記載上の注意点

特に、金銭請求については、債権消滅時効の完成猶予の対象となる債権を明らかにするため、請求債権を明確に特定する必要がある。債権の特定は、契約に基づく債権であれば、契約書に記載されている契約日および契約名称等によって特定する。

また、金銭請求をする側が契約に基づく債務を先に履行することが代金の支払条件となっている場合や、当該債務と金銭の支払が同時履行の関係にあ

るような場合（民法533条）には、金銭請求をする側が、当該債務の履行または履行の提供（必要な準備をして、相手に受領を求めること）をしたことを、明確にしておくことが望ましい。

　記載例では、法的措置の可能性について言及をしているが、その表現については、よく検討する必要がある。相手の支払がない場合には、法的措置をとることを決定しているのであれば別であるが、そうでない場合には、「法的措置をとる」と断言することで、今後とりうる手段の選択肢を自ら狭めることにもつながるからである（法的措置を選択しない場合、「伝家の宝刀」を抜いてしまった結果となり、相手に足元を見られ、かえって、交渉上の立場が弱くなってしまうおそれがある）。

2　物の引渡請求

(1)　記載例

　当社は、当社・貴社間の○年8月1日付け物品売買契約（以下「本件契約」といいます。）に基づき、貴社商品「α」500個（以下「本件商品」といいます。）を購入しました。

　しかしながら、貴社は、○年8月31日までに当社本店において本件商品を引き渡す義務を負いながら、本日現在、未だに本件商品を引き渡しておりません。

　したがって、改めて、当社は、貴社に対し、本書受領後○日以内に、本件商品を当社本店に納品し、これを引き渡すよう求めます。

　上記期限までに本件商品が引き渡されない場合、当社は、上記期限の経過をもって、本件契約を解除いたします。

---

(2) 記載上の注意点

　物の引渡請求をする場合、その対価として、金銭を支払うことが予定されていることが通常である。また、物の引渡しがなされない場合には、購入した物を販売する時機を失する、または早期に代替物の購入を検討しなければならないという場合も多いことから、記載例のように、引渡しがなされない場合には、契約を解除する旨の意思表示をすることも多い。

　したがって、単純に請求内容を明らかにする意味にとどまらず、催告解除（民法541条）の要件である「催告」があったことを明らかにするため、引渡請求権の原因である契約等の特定と共に、引渡しを求める物の特定をすることが重要である。

　また、記載例では、催告と共に、一定の期限内に履行がなければ契約を解除する旨の意思表示をしている。これは、「停止期限付解除」といい、催告をした後、再度解除の意思表示をする手間を省略できるだけではなく、相手に心理的プレッシャーを与えて履行を促すことにもつながるため、実務上よく用いられる手法である。

　なお、物の引渡しと代金支払とが同時履行の関係に立つ場合の注意点については、前記1(2)を参照されたい。

Ⅲ　その他の請求書の記載例と留意すべき事項

1　契約内容不適合の場合における追完請求（修補請求）

⑴　記載例

　○年8月1日、当社は、貴社との間で、○○ビルの2階改築工事（以下「本件工事」といいます。）を目的とする工事請負契約（以下「本件契約」といいます。）を締結し、○年9月30日、貴社から、本件工事が完了した旨の報告を受けました。

　しかしながら、その後当社が確認したところ、本件工事には、別紙記載の施工不良（契約不適合箇所）があることが判明いたしました。

　したがって、当社は、貴社に対し、本件契約第○条に基づき、当該施工不良部分の修補を求めますので、速やかにご対応いただきたく、本書をもって申し入れます。

⑵　記載上の注意点

　目的物の品質等が契約内容に適合していない点（民法559条・562条）は、明確に特定することが望ましい。記載例は、別紙により特定しているが、契約不適合の箇所・内容は、図面や写真等を添付することが有用である。ただし、内容証明郵便に図面等は添付できないため、図面等を送付する場合、別途特定記録等で送付することが通常である。

　記載例とは異なり、注文者自らが契約不適合箇所を修補した場合、修補に要した費用を損害として、請負人に賠償を求めることとなる。

　なお、改正法の施行により、改正前民法の請負人の担保責任の多くの条文は削除され、売買の担保責任と同様とされた。また、仕事の目的物の種類にかかわらず、注文者は、目的物の品質等が契約内容不適合であることを知った時から1年以内に請負人に「通知」をしない場合、追完請求等の担保責任を追及できないこととなった（民法637条。改正前民法638条は削除）。

2　契約解除に基づく原状回復請求

(1)　記載例

　○年○月○日、当社は、貴社との間で、貴社による○○（以下「本件業務」といいます。）を目的とした業務委託契約（以下「本件契約」といいます。）を締結いたしました。

　しかしながら、貴社は、当社からの再三の求めにもかかわらず、本件業務を実施されておりません。

　したがって、当社は、本書をもって本件契約を解除いたしますので、解除に基づく原状回復請求として、貴社に一部前払した業務委託料○○円を、末尾口座まで振込送金する方法によりご返金ください（ただし、振込手数料は貴社負担となります。）。

　また、本件契約に関し、当社が貴社に提供した資料（複製物を含みます。）については、直ちに、当社宛てに返還（電子データ等の返還が困難な資料については、復元不能な方法により削除または破棄）するよう求めます。

⑵　記載上の注意点

　記載例は、債務不履行解除の典型パターンである催告解除の場合であり、請求書作成前に、すでに履行の催告がなされていることを前提としている。もし、催告したことを裏付ける資料等が残っていない場合には、後に係争になったときに備え、あらためて、内容証明郵便等を用いて、前記Ⅱ2の記載例のように催告をすることが望ましい。

　また、原状回復請求は、既払代金や引渡し済みの商品等の返還を求めることも多いため、前記Ⅱ1・2と同様の注意が必要である。

　その他、会社業務の一部を委託する場合等には、自社の機密情報のみならず、管理する個人情報が提供されることも少なくない。そのため、こうした情報の提供がなされている契約を解除する場合には、情報セキュリティの面からも、記載例のように、提供資料の返還等についても明確に求めておく必要がある。

3　債務不履行に基づく損害賠償請求

⑴　記載例

　2020年8月○日、当社は、当社・貴社間の2020年1月○日付け取引基本契約に基づき、貴社から、以下の条件で、貴社商品「a」（以下「本件商品」といいます。）1000個を購入いたしました。

　売買代金：本件商品1個あたり○円　合計○○円

　納入期日：2020年9月○日

　しかしながら、貴社は、納入期日までに本件商品を500個しか納入しなかったため、当社は、急遽、本件商品よりも1個あたりの仕入価格が

　△円高い他社製品「β」500個を購入せざるを得ず、本件商品500個との仕入価格との差額合計△△円の損害を被りました。

　したがって、当社は、貴社に対し、債務不履行に基づく損害として上記差額合計△△円の支払を求めます。

(2)　記載上の注意点

　債務不履行に基づく損害賠償請求については、その要件として、相手の債務と、相手がその債務の履行を怠ったことを明記する。

　また、実務上、損害賠償の請求事案では、損害の内容や、当該損害が「損害」とされる理由が明確でない例が散見される。こうした場合、請求された側は、対応が困難となり、他方、請求をする側も、結果として、迅速かつ効果的な請求を実現できないことにつながる。

　そのため、相手が損害賠償請求を受けたときに、いかなる損害なのか、また、なぜ損害として扱われるのかが理解できるような内容とすることが望ましい。記載例では、単純に、納入されなかった物の購入額とその代替物の購入額との差額を損害として請求しているが、複数の損害が生じている場合には、それぞれの損害内容と金額等を明記する。

4　不法行為に基づく損害賠償請求

(1)　記載例

　当社は、当社・貴社間の○年○月○日付け業務委託基本契約に基づき、○年○月○日以降、貴社に対し、継続的に当社製品の製造を委託してきました。

ところが、当社が調査した結果、少なくとも、○年○月○日から○年○月○日までの間の取引に関し、貴社は、当時当社営業部長職にあった○○○○と共謀の上、当社に業務委託料を水増しした請求を繰り返し、当社に当該水増請求部分に係る業務委託料合計○○円の支払をさせ、当社に同額の損害を与えていたことが判明しました。当然ながら、当該水増請求は、貴社の当社に対する不法行為を構成します。

したがって、当社は、貴社に対し、不法行為に基づく損害賠償として○○円の支払を求めますので、本書受領後○日以内に、末尾記載の口座まで振込送金する方法によりお支払ください。ただし、振込手数料は貴社負担となります。

(2)　記載上の注意点

不法行為に基づく損害賠償請求については、できるだけ侵害行為（主体・客体、日時、場所および行為態様等）を特定するのが通常である。

また、不法行為に基づく損害賠償請求をする場合において、その不法行為が刑事罰にも該当するような場合には（記載例の事案は、詐欺罪等に該当しうる事案を前提としている）、会社としての厳正な態度を明確に示すべく、金銭請求に続いて、刑事告訴等の法的措置にも言及することも多い。その場合の記載例については、第3章を参照されたい。

なお、記載例では、「少なくとも」という表現を用いているが、この表現は、今後明らかになる事実関係によっては、さらに追加で請求をする可能性（今回は、現時点で、確実に請求できる範囲のみを請求しているにすぎないこと）を示唆している。

5　所有権に基づく妨害排除請求

(1)　記載例

　　当社は、末尾記載の土地（以下「本件土地」といいます。）を所有しておりますが、○年○月○日頃から、本件土地に隣接する貴社倉庫において保管されていた資材が本件土地の一部に流入し、そのまま残置されているため、本件土地の利用に支障を来している状況です。

　　したがいまして、当社は、貴社に対し、本件土地の所有権に基づき、本件土地上にある貴社資材の撤去を求めますので、速やかにご対応いただきたく、お願いいたします。

【本件土地の表示】

所　在　東京都港区赤坂○丁目

地　番　○番○号

地　目　宅地

地　積　○○平米

(2)　記載上の注意点

　記載例は、土地所有権に基づく妨害排除請求として、土地上にある他社所有動産の撤去を求める場合である。

　こうした物権的請求権の行使に限らず、不動産がかかわる請求については、不動産登記簿記載の所在、地番、地目および地積を列挙して、不動産を特定することが望ましい。

　ところで、不動産登記簿上の所在・地番と住居表示とが異なる場合がある。こうした場合には、より明確に不動産を特定するため、「住居表示：東

京都港区赤坂……」等と、不動産登記簿上の所在等と共に、住居表示も付記
することもある。

Ⅳ　請求書への応答例

1　債権の発生要件未充足や債権消滅原因を主張して請求を拒絶する場合

(1)　記載例

貴社は、当社に対し、○年○月○日付け請求書をもって、製品α500個（以下「本件商品」といいます。）の製造委託料として○○円の支払を求められております。

しかしながら、本件商品の内、○年○月○日に納入された300個に関しては、検収の結果○○に不具合があることが判明したため、当該不具合の修補のため、貴社に返品されたまま、その後再度の納入は確認できておりません。また、本件商品の内研修に合格した200個分の業務委託料○○円については、当社は、貴社に対し、本件製造委託契約に基づき、○年○月○日に貴社指定の口座に振込送金する方法により支払済みです。

したがいまして、現状、当社には、貴社に対し未払となっている製造委託料は存在しません。貴社におかれては、以上述べた状況につき、改めて、ご確認いただくようお願いいたします。

(2)　記載上の注意点

記載例は、請求された代金債権について、一部代金債権の発生要件（納入した商品が、委託者の検収に合格すること）の充足性を否定すると共に、残部

の代金債権についての消滅原因（弁済）を指摘して、支払を否定する場合である。

　契約に基づく金銭請求を受け、その請求に疑問がある場合には、まず、相手と取り交わした契約書を確認し、実際の事実経緯にあてはめて、請求されている代金債権の発生要件が充足されているかを確認する必要がある。

　また、支払がなされていたり、相殺処理がなされたりする等して、すでに消滅したはずの代金債権が重ねて請求されている場合には、いつ、いくらを、どのように消滅させたかを明記し、相手に確認を促すことが有用である。

2　同時履行の抗弁権によって請求を拒絶する場合

(1)　記載例

　貴社は、当社に対し、当社商品「α」（以下「本件商品」といいます。）の引渡しをご請求されております。

　しかしながら、本件売買契約第○条には、売買契約締結日から5日以内に本件商品の売買代金の半額にあたる○○円を支払うこととなっておりますが、貴社は、未だに○○円を支払っておりません。

　したがいまして、当社は、貴社から、上記売買代金の半額にあたる○○円のお支払があるまで、本件商品の引渡しを拒絶します。

---

(2)　記載上の注意点

双務契約とは、契約に基づき生ずる契約当事者の債務が対価関係にある契約（たとえば、売買契約における売主の目的物引渡債務と買主の代金支払債務）

をいう。

　同時履行の抗弁権は、双務契約において、契約当事者である相手が対価関係にある債務の履行を提供するまでは、自らの債務の履行を拒絶するという法的主張である（民法533条）。この抗弁権は、抗弁をする相手の債務が履行期にない場合や、相手が債務の履行を提供している場合には主張できない。

　記載例は、商品代金の一部の支払が先履行となっている場合であるが、たとえば、代金全額の支払が商品引渡し後に発生する契約であった場合や、相手が代金の支払を準備し、支払先口座を指示してもらいたい旨伝えてきていたにもかかわらず、これに対応をしていなかったという場合には、商品の引渡しを拒絶することはできない。

3　債務不履行責任を否定する場合

(1)　記載例

　貴社は、当社が貴社から受託した○○システムの設計等を納期までに完成しなかった等として、○年○月○日付け請求書をもって、当社に対し、債務不履行に基づく損害賠償請求をされております。

　しかしながら、納期までに○○システムの設計等が完成しなかったのは、納期直前である○年○月○日になって、貴社が、突如、システム設計契約締結時までに両社間で合意していた仕様書の内容を、一方的に変更する旨の要望を出したからにほかなりません。

　したがって、当社には、債務不履行責任はありませんので、貴社からの損害賠償請求にも応じかねます。

---

(2)　記載上の注意点

　債務不履行責任に基づく損害賠償請求をする場合、債務不履行の事実が必要となるが、請求を受けた債務者は、自らに帰責事由（故意または過失）がないことが免責事由となる（民法415条1項）。

　したがって、債務不履行に基づく損害賠償請求を拒絶する場合には、債務不履行が存在しないか、債務不履行について自らに帰責事由がないことを明らかにする必要がある。

　記載例のように、債務不履行が債権者の帰責事由のみによる場合は、債務不履行に基づく損害賠償請求はおろか、債務不履行解除も認められない（民法543条）。

　なお、改正法により、債務者に帰責事由がなくても債務不履行解除は認められうる点、注意が必要である（民法541条・542条）。

4　責任を認めて、対応策を打ち出す場合

(1)　記載例

　この度は、多大なるご迷惑をおかけし、誠に申し訳ございません。心よりお詫び申し上げます。

　過日、貴社からいただいた○年○月○日付け「請求書」の内容に関し、当社内において調査をしたところ、誠に遺憾ながら、貴社ご指摘のとおり、貴社との一部取引において、当社が、貴社に対し、水増請求をしているものと思われる事象を確認するに至りました。

　現在、当社は、貴社に対する不正行為の詳細につき、さらに調査を進めており、もう少しだけお時間を頂戴したく、伏してお願い申し上げま

す。

(2)　記載上の注意点

　ビジネスの世界では、ある不祥事が企業にとって甚大なレピュテーションリスクにつながることも少なくない。不祥事等に関して被害者や被害を受けた企業が存在する場合、迅速かつ誠実な対応をできるか否かが、レピュテーションリスク抑制の大きな分水嶺になる。

　ビジネスに限った話ではないが、自らに非があることが明らかな場合、まずあるべきは謝罪である。

　次に、謝罪にとどまらず、迅速な事実確認と共に、その後の具体的な対応を早急に打ち出すこと、打ち出した対応策を着実に実行することが、一連の「誠実な対応」であり、リスクを最小限に抑えることにもつながる。

第3章　警告書

I　基礎知識

1　実務における警告書の扱い

　権利侵害や妨害等の加害行為を受けたとき、被害者側は加害者に加害行為の停止を求め、停止しない場合の措置を書面にて通告することがある。

　これが一般的に「警告書」と呼ばれる書面である。ビジネス法務の実務では、単なるクレームやトラブル処理においては「警告」という文言は使わず、自社の法的地位や法的権利が侵害を受けていることを確認できた場合に、それを相手方が是正しなければ訴訟も辞さないというスタンスを示すべく「警告書」というタイトルを選択することが多い。

　もっとも、「警告書」の意義が特に法定されているものでもないため、時折、「強いトーンでものを言う」といった程度の認識で警告書を作成し、自己の主張と相手方への批判を一方的に羅列して通告するだけの内容になっているものも見受けられる。

　しかしながら、警告書はその意義を理解したうえで利用すべきである。むやみやたらに警告書を出してしまうと、かえって差出人の主張が弱まるリスクもある。警告書とは何か、どのような場合に出すのかといった警告書の意義を検討したうえで、利用することが望ましい。

2　警告書の意義

　「警告」とは、辞書によると「戒め告げることや注意を促すこと」を意味し、一般的には、「悪い事態の発生可能性を予告して、それを防ぎ、逃れ、又はその損害を軽減する行動を促すこと」と考えられている。たとえば街で

目にする「無断駐車お断り、（さもなくば）罰金5万円もらい受けます」などの表示は警告書のようにも見えるが、5万円という金額を支払うことに法的拘束力が生じるとは解釈しがたい（近隣の駐車場料金と比して合理的な金額であれば認められる場合もある）。このような「お断り」は、ビジネス法文書としての警告書というよりは、注意書に近いものと解釈できる。

　官民間の関係となるが、「警告」という用語の使用例として、「監督官庁による警告」があげられる。この警告は、違法行為の是正を求める行政指導（行政手続法2条6号参照）であり、法的強制力のある行政処分の前段階の措置として行われる。行政指導に従わず違法行為が改められない場合、次の段階では法的な不利益処分（たとえば、命令や処分など）が待ち受けることとなるため、警告の受け手は、「守らないと大変なことになる」「強く要求された」という認識を持つことが多い[26]。このように、行政の場面では、何らかの強い法的処分の前段階の措置として、事前に注意を促す文書を警告書という。

　また、実際に「警告」という文言が含まれる条文の一つに、特許法65条1項がある。特許法65条1項は「特許出願人は、出願公開があつた後に<u>特許出願に係る発明の内容を記載した書面を提示して警告</u>をしたときは、<u>その警告後特許権の設定の登録前に業としてその発明を実施した者に対し</u>、その発明が特許発明である場合にその実施に対し受けるべき金銭の額に相当する額の<u>補償金の支払を請求することができる</u>」と定めている（下線筆者）。つまり、①法的に保護される地位にある者が、②保護される内容を示して警告した場合、③その警告後に警告内容に従わなかった者に対し、④補償金を請求できる、とする内容である。ここでの警告書とは、事前に侵害行為に該当することを示して相手方に是正を求める文書であり、違反の場合に補償金を課すための要件となっている。

　ここまでの検討を踏まえ、本書では、ビジネス法文書における警告書を、

---

[26]　この点が警告書の注意点でもある。官民間ならいざ知らず、民−民間の場合、安易に警告という言葉を用いると、「脅し」と捉えられる場合もある。

「法的に保護される地位にある者または法的権利を有する者が、相手方の加害行為を指摘し、行為が是正されない場合、法的に不利益が生じることを予告し（制裁予告）、強く是正を求める文書」と定義することとする。以下では、この定義による警告書の作成について、実務上の留意点を解説する。

Ⅱ　警告書作成時の六つのポイント

　警告書を効果的に活用するためのチェックポイントとして、以下の点があげられる。

【警告書のチェックポイント】

1　「警告書」というタイトルの適否
2　加害行為に関する事実の提示と証拠の確保
3　法的根拠の記載
4　是正要求と制裁予告
5　回答期限の設定
6　関係者への送付の可否

1　「警告書」というタイトルの適否

　書面のタイトルを「警告書」として送付するのか、「通知書」、「請求書」または「催告書」として送付するのかについて、明確な判断基準や実務的なルールがあるわけではない。内容は全く同じものを、通知書、請求書または催告書として送付することもできる。前述した「警告書」の意義、企業において警告書を出す一般的な利用場面、警告書を受け取った相手方が通常感じる威圧感等からすると、以下の条件を満たす場合に、警告書というタイトルを選択すべきであろう。

【警告書作成の条件】

（条件①）相手方による加害行為が明らかであると認定できること

（条件②）警告書により加害行為が是正されなければ、差出人は、次の
アクションを起こす準備がある旨の意向を示すこと（原則と
して差出人が何らの譲歩をする交渉が予定されていないこと）

（条件③）断定的・強意的に表現しても社会通念上許容されるケースで
あること

　侵害行為や損害の発生が書面上示されていても、その認定根拠・判断根拠
が曖昧に書かれていると、受け手に行為の是正を促せず、実効性を欠くほ
か、場合によっては差出人側が不当な要求や誹謗中傷をしているとの評価と
なりうる（条件①）。

　また、警告書の意義は、それに続く制裁を予告することで行為の是正を促
すものであるから、制裁の意向も準備もないのに、警告書を出す判断は拙速
である。また、制裁で応報するに足る侵害行為なのであるから、警告書の差
出人側としては当該侵害行為を許す、受け入れるといった形の譲歩は原則と
しては予定されていないことになる（条件②）。

　条件①と条件②を表現する文書であるため、警告書の表現は、通常の通知
等に比べて、断定的で緊張感のある文章になじむ[27]（条件③）。逆に言えば、
そのような比較的強いトーンで通告することも首肯できる事案が、警告書に
はふさわしい。なお、強い文面とは、乱暴・非礼を意味するものではないの
で注意されたい。

---

[27]　たとえば、「～ではないでしょうか。」との問いを投げかけるような表現だと、行為の
是正を促す根拠ともならず、制裁を予告する文書ともならない。

2　加害行為に関する事実の提示と証拠の確保

　警告書で主張する事実関係は、証拠の裏付けにより固めておくことを要する。その事実に基づく警告に従わなければ、制裁措置をとることを予定しているわけであるから、前提となる事実関係を確定しておく必要性は高い。警告書に証拠書類を添付するような対応も検討すべきだろう。

　証拠の確保を含め事実確認が不確かな状況で警告書を送付すると、法的なリスクのみならず、相手方より事実上のクレームを受け、企業としての信用を失う場合もある。

　この点、何ら事実および法的根拠を具体的に指摘することなしに、「貴社の行為は契約違反であり、本書をもって警告いたします。また貴社の行為は当社への挑発行為・冒涜行為と受け取らざるを得ません」とする書面も見受けられる。しかし、この文書がビジネス法文書であれば、警告書の成功例とはいえない。内容が抽象的に過ぎて、受取人に具体的な是正行為を促すものとはなっていないためである。

　なお、「警告書」の送付前のやりとりにおいて、相手方より（合理的な）反論がなされている場合は、あらかじめ当該反論に対する再反論も踏まえて主張を組み立てる必要がある。事実関係を十分に検討することがないまま警告書を発しても、かえって警告内容の脆弱性が露呈することになる。他の書面の場合も同じではあるが、完成度の高い、差出人にとって有利な証拠となるような警告書を作成する必要がある。

3　法的根拠の記載

　警告書をはじめとする法文書における法的根拠の一般的な記載方法については、第2章を参照されたい。また、加害の対象となった物、権利または地位等について具体的に記載し、いかなる法的利益が侵害され、それが法的にどのように評価されるのかを明確にする必要がある。

　たとえば、契約上の権利が侵害されたと主張する場合、該当する契約書の

条文を示すのは当然のことながら、解釈の余地のある条文（ex 「競業」「重要事実」）の場合は、問題となる事実関係がその条文に該当する理由について、条文の解釈も踏まえて記載することで、「競業」「重要事実」に該当するとの主張の説得性が高まる。契約書に限らず、たとえば不正競争防止法などの法律を根拠とするものについては、個々の不正競争の類型（同法２条参照）において、その要件に該当する具体的事実を示し、それらに対する不正競争防止法上の評価を記載する。

【不正競争防止法上の信用毀損行為について警告書を送る場合の例】

① 　競争関係にある

② 　他人の営業上の信用を害する

③ 　虚偽の事実を

④ 　告知し、または流布する行為

---

　①から④について、これに該当する具体的事実を提示し、不正競争防止法が保護する「信用」が毀損されているという評価を明示または黙示的に示すことが有益である。

4　是正要求と制裁予告

(1)　法的措置

　受け手が仮に警告書に記載した要求事項に従わない場合には、その制裁として実施する事項を記載する。

　具体的には、契約の条文または法律の規定に基づいて、債務の履行請求、金銭的な賠償請求（契約上の代金支払請求、債務不履行もしくは不法行為を理由

とする損害賠償請求、その他法律によって認められた損害賠償請求）、物の引渡
請求（契約上の引渡請求または自己が有する権利に基づく引渡請求）を記載する
ことのほかに（詳細は、第2章を参照）、個々の法律において認められている
侵害の停止に関する請求、予防に関する請求および侵害行為を組成する物の
廃棄に関する請求等を記載する（ex　特許法100条1項および2項）。

【特許法100条（差止請求権）】

1　特許権者又は専用実施権者は、自己の特許権又は専用実施権を侵
害する者又は侵害するおそれがある者に対し、その<u>侵害の停止又は予
防を請求する</u>ことができる。
2　特許権者又は専用実施権者は、前項の規定による請求をするに際
し、侵害の行為を組成した物（物を生産する方法の特許発明にあつて
は、侵害の行為により生じた物を含む。第102条第1項において同じ。）
の<u>廃棄、侵害の行為に供した設備の除却その他の侵害の予防に必要な
行為を請求する</u>ことができる。

---

(2)　事実的措置

　自社の権利（著作権、商標権、意匠権や特許権など）の侵害行為に関して、
個別に警告書を送るのみならず、自社が正当な権利者であることを対外的に
第三者に示すために、二次的に前記(1)以外の措置を求めることも考えられ
る。たとえば、侵害者のホームページにおいて、謝罪文を掲載させることを
要求することが二次的（事実的）措置に該当する。

【謝罪文掲載例】

　弊社ホームページの販売コンテンツ、「〇〇」において、権利者の許可なく利用された画像が含まれており、著作権を侵害しているとのご指摘をいただきました。

　その後、社内で事実関係の調査を実施致しましたところ、ご指摘のとおり、著作権侵害の事実を確認し、直ちに、ホームページ上で使用していた画像の削除、及び成果物の販売を停止いたしました。

　弊社の認識不足によりこのような事態に至ってしまったことを深く反省するとともに、著作権者である〇〇〇〇様並びに関係者の皆様に対し、心よりお詫び申し上げます。

　今後、このような事のないよう、再度管理体制を強化し再発防止に努めてまいりますので、変わらぬご愛顧を賜りますようお願い申し上げます。

　また、侵害者が上記の謝罪文の掲載要求に従わない場合には、自社のホームページにおいて、被侵害者自らが公表を行うことがある。警告書に必ずしも従うことが期待できない事案においては、自社の行為が正当なものであることを世間にアピールをすることで、「偽物は買わないように」との注意喚起を実施して、経済的な損害の拡大を防ぐこともある（世間的に認知度が高いものに関する事案では有効性が高いと考えられる）。

　ただし、個別の業者名を特定して公表する場合には、信用毀損行為との反論を受ける可能性があるため、事案の進捗状況に応じて、公表内容を慎重に検討すべきである（個々の事案ごとに専門家の意見を踏まえて判断することになるが、たとえば、侵害者が、被侵害者の権利者性や、侵害行為該当性を正面から争っている場合には、侵害者の企業名を公表することを避け、一般的な注意喚起文書として作成する場合もある）。

```
【公表に関する記載例】

～重要なお知らせ　弊社の知的財産権とブランド保護への取組み～
（……中略）また国内外の主要ショッピングサイトにおいては、模倣
品を販売するサイトを常時的にモニタリングし、定期的にこのようなサ
イトの削除要請を行っており、悪質な業者には警告文の送付、行政に対
する摘発請求を実際に行い、損害賠償、模倣品在庫の破棄、模倣品製造
を永久廃止する旨の保証書の入手などの実績もございます。
　将来的には民事訴訟、刑事告訴も視野に入れ、模倣業者の実名での公
表も検討しております。
```

5　回答期限の設定

　警告書を送付する事案においては、相手方の対応を検討したうえで、裁判をはじめとする法的措置の実施へと移行することが通常であることから、回答期限を設定することが多い。回答期限の設定は事案ごとに判断するほかないが、警告書を受けた会社の回答期限を設定するほか、警告書の差出人が求めた個々の行為の対応期限（ex　商品の回収やホームページ上での謝罪文・お詫びの掲載）を設定すると、事件の全体スケジュールを念頭に対応を進めることができる。

6　関係者への送付の可否

　侵害行為が主として会社や個人事業主の事業活動によって行われている場合、侵害行為による経済的損害を回避するために、当該侵害者のみならず、当該侵害者の取引先に対しても警告書を送付する場合がある。侵害行為を伴う物の製造や販売の中止を求めるためには、関係する第三者への警告が有効な手段となりうる。

　しかしながら、当該侵害者の取引先に対して、自社の権利が侵害されたことを前提とする警告書を送付することは、その態様によっては、加害者とされた者に対する不正競争防止法上の信用毀損行為[28]に該当し、法的責任追及を受けるリスクがある。警告書を取引先に送付する場合には、侵害行為者の行う反論の内容を吟味したうえで、慎重に実施の有無を決定するほかない。

　この点、株式会社Bが、書簡によって、株式会社Aの取引先である株式会社Cに対し、株式会社Aの製造・販売する製品が株式会社Bの有する特許を侵害すると「考える旨」を（警告書ではないものの）書簡により告知したことが、競争関係にある他人の営業上の信用を害する虚偽の事実を告知し、または流布する行為（不正競争防止法2条1項13号（当時。現同項21号））、不法行為（民法709条）にあたるとして、株式会社Aにより訴訟が提訴された例がある。裁判所は、競業者の取引先に対する警告書の送付行為が、特許権の権利行使の一環としてされたものか、それとも特許権者の権利行使の一環としての外形をとりながらも、社会通念上認められる範囲を超えた内容、態様になっていないかというメルクマールを設定し、その考慮要素を判示した（東京高判平14・8・29判時1807号128頁）。結論として、株式会社Aの請求は棄却され、どのような事案において法的責任を負うかは個別的な判断となるものの、自社の警告書の不適切な送付によって、かえって自社が訴訟提起を受ける危険性があることには留意すべきである。

28　不正競争防止法上の信用毀損行為とは、「競争関係にある他人の営業上の信用を害する虚偽の事実を告知し、又は流布する行為」（同法2条1項21号）である。

Ⅲ　各種警告書の記載例と留意すべき事項

　最後に、上記で解説した事項を踏まえ、実務上警告書を送付する場合が比較的多い事案別に、記載例を示してそのポイントを解説する。

1　商標権侵害への警告

(1)　記載例

想定事例

　飲食店に関する商標として「ABCD」を商標登録し、全国各地に同商標を店名とした店舗を展開して営業を行う X 社が存在した。X 社は、主としてホテル業を営業する Y 社が、そのホテル内において X 社の商標「ABCD」と同一の店舗名を有するレストラン「ABCD レストラン」を営業していたことを発見した。そこで、X 社は、「ABCD」の商標権に基づいて Y 社に「ABCD」の商標の無断使用をやめさせるために、警告書を送付した事例。

商標権侵害に関する警告書

1　当社は全国各地に「ABCD」という店舗名を有する飲食店を経営しておりますところ、この「ABCD」については、当社が下記のとおり、商標登録を行っております。

記

商　　標　　「ABCD」

　　　　　　　登録番号　　第〇〇〇〇号
　　　　　　　指定役務　　飲食物の提供

２　この度、当社は貴社が運営する「銀座〇〇ホテル」内において、「ABCDレストラン」を営業していることを〇年〇月〇日に貴社のホームページ及びパンフレットより確認しました。貴社による「ABCD」の使用については、当社の上記の商標と【同一又は類似の】の標章を用いて、その指定役務に該当する「飲食物の提供」を行っており、これは当社の上記商標権の侵害に該当します。

３　そこで、当社は、貴社に対して、商標法第36条第１項に基づき、「ABCD」の商標の使用を即刻中止し、上記商標が使用されている商品、看板、食器等の付帯物、パンフレット、ホームページ上の記載等の宣伝媒体その他すべてにおける「ABCD」の商標の抹消を求めます。

４　本書到達から10日以内に当社に対して貴社の方針をご回答下さい。なお、本件について、仮に上記要求に任意に応じていただけない場合には、裁判により「ABCD」の使用の差止めや不法行為に基づく損害賠償請求などの法的措置をとる予定であることを申し添えます。

(2)　商標権侵害の基礎知識

　商標権とは、指定商品または指定役務について登録商標の使用をする権利を専有する独占的な権利である（商標法25条本文。権利者に排他独占的に登録商標の使用が認められるという点で、「専用権」といわれるものである）。商標権者には、この「専用権」の行使を実効あるものにするために、登録商標の類似範囲に属する商標を他人が使用する行為を排除する権利として、「禁止権」も認められている（同法37条１号）。

　以上のような専用権と禁止権の内容から、商標権侵害を構成する場合と

は、①侵害者の「標章」が登録商標と同一または類似であること（標章と登録商標の同一性・類似性）、②侵害者の標章が使用されている「商品・役務」が登録商標の指定商品または指定役務と同一または類似していること（商品役務と指定商品・役務の同一類似性）、③侵害者の行為が商標の「使用」に該当すること（「使用」に関しては商標法2条3項参照）である。

　商標の類似性については、対比される両商標が、同一・類似の商品に使用される場合に、出所の混同を生じるおそれがあるかどうかによって判断され、商品の外観、観念、呼称の判断要素を取引の事情を加えて総合的に観察して判断される。また、商品・役務の類似性については、同一・類似の商標が使用される場合に出所混同を生じるおそれがあるか否かによって判断されるが、商標登録出願の際の商品および役務の区分は、商品または役務の類似の範囲を定めるものではないこと（商標法6条3項）には留意されたい。もっとも、同一区分に属する商品・役務は、通常相互に類似することが多いであろう。

　商標権侵害が成立する場合には、損害賠償請求（民法709条。なお、商標法38条および39条（特許法103条準用）により損害額および過失の推定規定がある）、不当利得返還請求（民法703条）、差止請求（商標法36条1項）、信用回復措置請求（同法39条（特許法106条準用））などの民事上の責任の追及が可能となる。

(3)　記載上の注意点

　自社の製品やサービスのブランドマーク、一種の「顔」や「看板」としての機能を持つ商標権については、無断使用が比較的容易であり、悪用事例は後を絶たない。たとえば、商標権者に無断でブランドロゴマークを商品に印字して販売するといった事例は日常的に確認される。具体的には、東京五輪・パラリンピックの文字商標「TOKYO　2020」を無断で使用してピンバッジを販売目的で所持したとして、警視庁生活経済課によって商標法違反の疑いで夫婦が逮捕されるといったニュース等が確認されている。このよう

に、警告書を送付するうえで、登場する頻度がかなり高い事案が商標権侵害
に係る事案であろう。

　記載例においては、自社が保有する商標について、登録番号を示すことに
より法的根拠を記載しており、商標権侵害の事案における法的根拠の記載と
しては、基本的にこの記載で十分である場合が多い。また、違反行為の提示
と証拠の確保の点については、商標は会社の標品・サービスに使用するマー
クとして、大々的に広く公衆にわかるように掲載されているケースが多く、
商標の無断使用に関する証拠収集についてもホームページ上の画像や商標が
印刷された商品を確保すれば足り、それほど労力がかかるものではない場合
が多い。

　警告書を作成する際には、同一性・類似性を端的に示し、そのうえで、商
標権侵害に対して求める対応を具体的に記載する必要がある。

2　特許権侵害への警告

(1)　記載例

[想定事例]

　X社は、切り餅の側面に切り込みを入れることにより、これをオー
ブントースターで焼いても、切り餅の上平面が膨れ上がることなく、中
身が吹き出さないように焼ける技術を発明し、特許を取得していた。他
方で、Y社もオーブントースターで切り餅が膨れ上がることなくでき
るように、側面に加えて上平面にも切り込みを入れた切り餅を販売しい
たところ、X社は無断で類似の技術を用いて切り餅を販売するY社に
対して、特許権の侵害を理由に警告書を送付した事例（知財高中間判平
23・9・7判時2144号121頁「切り餅事件」を参考）。

特許権侵害に関する警告書

　当社は、家庭でオーブントースターを用いて切り餅を焼き上げる際に、その中身が吹き出すことを技術的に克服するために、切り餅の側面部分に切れ込みを入れることで調理の際の見栄えや出来も兼ね備えた、「○○○○カット餅」（以下「当社製品」といいます。）を販売しております。

　この当社製品は、当社が保有する特許権（特許第○○○号、以下「本件特許権」といいます。）に基づいて製造しており、当社以外の者が許可なく当社製品の類似品を販売することはできません。

　先日、貴社において、「○○○（商品名）」（以下「貴社製品」といいます。別紙○をご確認下さい。）を販売していることを確認しました。

　貴社製品は、当社製品と同じく、輪郭形状が方形の小型餅である切り餅の上側表面部の立直側面である側周表面に、この立直側面に沿う方向を周方向として、一周連続させて複数の切り込みを入れ、これを焼き上げることにより、切り込み部の上側と下側が持ち上がり、上下の焼板状部の間に膨化した中身がサンドされている状態に膨化変形することで膨化による外部への噴き出しを抑制するように構成されております。このように、貴社製品は、その形状が当社製品と著しく酷似し、その目的も当社のものと一致しており、本件特許権の請求項に係る技術的範囲に属し、当社に無断で貴社製品を販売することは当社の特許権の侵害に該当します。

　つきましては、貴社製品の製造及び販売を直ちに中止することを求めます。遅くとも○年○月○日までに当該措置をおとりください。また、今後このような製品を製造しないことを当社に対して誓約していただく必要があるため、別紙○記載の誓約書に署名押印の上、当社にまでご返送ください。

　仮に、上記期限までに、誓約書を提出せずに、貴社製品及びその他当社製品と類似の製品の製造及び販売を直ちに中止しない場合には、当社は、貴社に対して、今回当社が被った損害の賠償も含めた法的手段をとることを予定しております。

(2)　特許権侵害の基礎知識

　特許権は、業として特許発明（特許を受けている発明）を実施する権利をいい、特許権者はこの権利を専有する（特許法68条本文）。この権利を専有する結果、特許権とは特許権者に無断で業としての特許発明を実施する他人に対して、当該実施を禁止できる権利ということになる。

　特許権侵害に該当する場合とは、①侵害者の製品または方法が特許発明と同一のものであること、②侵害者が無断で業としての実施（特許法2条3項）を行うことである。これによって判断される特許権の侵害は、「直接侵害」といわれる。特許法では、直接侵害の他に実施の幇助または予備にあたる行為を行うことも特許権侵害とみなしており、これは「間接侵害」といわれる（同法101条）。

　上記のうち、①については、侵害者の製品または方法（実務上、「イ号物件」といわれる）が、特許発明の技術的範囲に属するか否かによって判断されるが、この技術的範囲は特許請求の範囲すなわち請求項（いわゆる「クレーム」といわれる）の記載に基づいて判断される（その判断方法は、各自で特許法のテキスト等で確認されたい）。

　この特許権の侵害が成立する場合、侵害行為の差止め（特許法100条1項）、設備廃棄除去等の侵害予防に必要な行為（同条2項）、業務上の信用回復措置（同法106条）、損害賠償請求（民法709条）、補償金請求（特許法65条）等が可能となる（その他刑事上の責任も負う）。

(3)　記載上の注意点

　企業における特許とは、自社の製品やサービスを他社よりも優位づけるものであり、開発段階から実用化段階、そして特許出願までに多くの時間と多額のコスト（設備投資）をかけていることが通常である。このような大きなコストの下に開発された権利を他社が模倣している場合には、その経済的損失が多額にわたる場合も多いことから、特許権侵害を確認した場合には、企業として警告書を送付せざるを得ない場合も多い。

　特許権侵害該当性について争いになる事案も多く、入念な証拠収集作業が求められることに加え、警告書の送付の前に、特許権侵害に該当するかについて、専門家を交えての慎重な検討が必要となる。この検討に際しては、特許発明の範囲とはどのようなものかを確定したうえで、侵害者が当該範囲に含まれる実施行為を行っているかを判断することになる（特許権侵害が成立するためには、前述したイ号物件がクレームに記載された特許発明の構成要件をすべて充足する必要がある）。特に、前述（Ⅱ6）した裁判例（東京高判平14・8・29）では、警告書の送付をした後に、特許権が無効となった場合や侵害者の行為が特許権侵害に該当しないと判断された場合には、不正競争防止法上の信用毀損行為に該当する可能性があることを前提に判断を示していることには留意されたい。

　なお、特許権はその性質上、文章の説明のみでは侵害の説明が難しい事案が多いと解される。そこで、侵害者に対して特許権侵害の事実を提示するためには、対象製品を分解した写真を添付することが有益であろう。

　特許権の侵害行為により発生した損害は、多額にのぼることが多いが、その損害の性質は、会社として得られる利益を得られなかったという逸失利益であり、即座に算定することは困難である。損害額の推定規定があるものの（特許法102条）、警告書送付の段階では確定的に定めることは困難な場合もある。そこで、警告書においては侵害行為の排除を一次的に求め、後日専門家と協議をしたうえで、訴訟において検討した確定的な損害賠償請求を求める

対応も一つの選択肢になろう。

3　営業秘密侵害への警告

(1)　記載例

想定事例

　X社を退職し競争関係にあるZ社へと就職した元従業員甲につき、X社在籍時代に、Yに個別に割り当てられた会社所有のパソコンの履歴を解析したところ、Yが、大量の顧客管理データにアクセスしていることが判明した。

　調査の結果、Yが当該データをスマートフォンにより撮影し、当該撮影した情報を用いてZ社の従業員として顧客管理データに記載されている顧客に対して営業活動を行っていたことが発覚した事例。

営業秘密侵害に関する警告書

　貴殿は、当社を○年○月○日付けで退職しておりますが、貴殿による当社の営業秘密の無断持ち出しに関して、以下のとおり警告します。

1　当社の社内調査において、貴殿の退職前の○年○月○日午前4時30分から5時50分の間に、貴殿が、当社在職時に貴殿に貸与していた当社所有のパソコン（以下「本件パソコン」といいます。）の不正操作により、当社の顧客管理データ（以下「本件顧客データ」といいます。）にアクセスしたことが判明しております。当該操作が行われた時間

に、貴殿が執務フロアに入室し、本件パソコンを操作していたこと、本件パソコンの画面をスマートフォンで撮影していたことは、カードキーの履歴及び防犯カメラの映像で確認されております。その時間に貴殿以外に執務フロアに入室していた者がいないことも確認できております。

　そして、当社退職後に貴殿が勤務しているZ社において、当該名簿を用いて当社の顧客に対して、契約先をZ社へと変更することを強く勧める営業活動が行われていることがお客様から当社へのクレームにより複数発覚しております。

2　本件顧客データは、当社の○○事業における10年間の営業プロセスを分析し、顧客階層別に作成した特殊な顧客管理データであり、当社の営業ノウハウそのものです。当社は、閲覧権限者を社内規則において限定し、また、当該データにパスワードをかけてアクセス権限を限定し、かつ、データそのものを保存、印刷、コピーを行わせない措置を講じ、秘密情報として厳重に管理しておりました。このように秘密として管理された非公知の重要な営業情報ですので、本件顧客データは不正競争防止法上の「営業秘密」に該当するものです。

　また、当社では、就業規則上に秘密保持義務を定めるほか、入社時及び退職時にも秘密保持に関する誓約書を締結しておりますが、第○条においては、退職後の守秘義務条項が規定されており、当社の事業に係るデータを無断で持ち出すことを禁止しております。

3　貴殿の上記1の行為は、貴殿が当社に負う秘密保持義務に違反するばかりでなく、不正な利益を得るために、当社の営業秘密を使用するものとして、不正競争防止法の定めに違反するものです（同法第2条第1項第7号）。

　当社は貴殿に対し、直ちに本件顧客データの利用をとりやめることを要求し、また、本書面受領後○日以内に、①貴殿が当社から持ち出した情報一覧（本件顧客データも含み、以下「本件取得情報」といいま

す。）を作成の上、現在に至るまでの利用状況（貴殿自身の利用に限られず、他者への閲覧や供与の事実も含みます）を書面で明らかにすること、②当社の担当者（顧問弁護士を含みます）立ち合いのもと、本件取得情報を全て消去すること、③今後は本件取得情報を一切利用しない旨の誓約書を提出すること、を要求します。

4　仮に上記の対応がなされない場合、当社は貴殿に対して契約違反及び不正競争防止法違反として責任追及することとなりますので、至急ご対応ください。

(2)　営業秘密侵害の基礎知識

会社の情報を役員や従業員に持ち出されてしまった際に、検討する法律および契約書は主に以下のとおりである。

① 不正競争防止法上の営業秘密侵害行為を問うことができるか
→ 同法上の営業秘密侵害行為該当性（同法2条1項4号～10号）を検討し、侵害の停止または予防を請求する（同法3条1項）。
② 秘密保持契約違反を問うことができるか
→ 就任承諾書、雇用契約書、取締役規則、就業規則その他退任または退職に際して交わした書面等を検討する。

まず、企業秘密を中心的に保護するのは不正競争防止法である。

不正競争防止法では、「秘密として管理されている生産方法、販売方法その他の事業活動に有用な技術上又は営業上の情報であって、公然と知られていないもの」を「営業秘密」（同法2条6項）と規定している。そこで役員や

従業員に会社の情報を持ち出された事案では、まず社内において持ち出された情報が「営業秘密」に該当するのかを検討することになろう。検討のポイントは、①秘密管理性（会社が実施する具体的状況に応じた経済合理的な秘密管理措置によって、会社が秘密情報として管理する意思が従業員に対して明確に示され、当該秘密管理意思に対する従業員等の認識可能性が確保されること）、②有用性（事業活動にとって有用であること）および③非公知性（営業秘密保有者の管理下以外では一般的に入手することができない状態であること）の3点である。同法違反とする警告書を送る際には、最終的には専門家の意見を確認することが望ましいが、経済産業省においても、「逐条解説　不正競争防止法」や「営業秘密管理指針」などによって、営業秘密該当性を判断する資料を公開しているので、各自確認することが望ましい（経済産業省のホームページにおいて、同法に関する資料が充実しているので、各自検索して確認することをおすすめする）。

　また、不正競争防止法は、この営業秘密に対する侵害行為に該当するものを、2条1項4号から10号までの7類型に分けて規定している。特に、想定事例のような元従業員が在職中に会社の秘密情報を持ち出し、転職先の会社でこれを利用している事例においては、2条1項7号該当性が問題となろう。すなわち同号は、「営業秘密を保有する事業者（以下「営業秘密保有者」という。）からその営業秘密を示された場合において、不正の利益を得る目的で、又は営業秘密保有者に損害を加える目的で、その営業秘密を使用し、又は開示する行為」を「不正競争」の一類型として規定している。

　なお、不正競争防止法では、記載例のような顧客管理データ、顧客名簿などの秘匿性の高い情報を「営業秘密」として保護することに加え、商品として広く提供されるデータや、コンソーシアム内で共有されるデータなど、事業者等が取引等を通じて第三者に提供する情報、すなわち他者との共有を前提に一定の条件下で利用可能な情報の一部については、「限定提供データ」（同法2条7項）として規定し、その不正取得行為や不正使用行為を禁止することにより（同条1項11号〜16号）、法律上の保護を与えている（経済産業省

のホームページに公開されている「限定提供データに関する指針」が参考となる）。

　この「不正競争」に該当すると、不正競争防止法に基づいて、差止請求（同法3条1項）、侵害行為を組成した物の廃棄、供した設備の除去請求（同条2項）、損害賠償請求（同法4条、民法709条）、信用回復措置（不正競争防止法14条）をすることができる。

　さらに、退職した従業員との雇用契約書または就業規則との契約書においては、秘密保持義務が課されている場合が多く、これも契約上の営業秘密ということができる。事案ごとに、対象となる従業員と雇用契約書や就業規則を確認することにより、契約上の秘密情報の定義・範囲を確認することを要する。

(3)　記載上の注意点

　営業秘密の侵害行為の法的な要件については、前記(2)のとおりであるが、いずれも事実として、会社の重要な情報を、会社が認められない方法により取得したうえで、これを自己または第三者が使用しているという事実関係が必要であり、会社として情報の無断持出事例を確認した場合には、詳細な事実関係の調査を行うと共に、外部の業者を利用してデジタルフォレンジックの実施も必要となる場合もある。特に、営業秘密の持ち出しの形跡が認められた場合でも、元従業員が当該持ち出し行為を実施したのか（不正取得の実施者が警告書の送付対象者であるか）まで厳密に調査をする必要がある。他者が従業員のパソコン等を操作することにより、営業秘密の持ち出しを行った可能性はないかという社内検討が必要であろう。

　なお、営業秘密の侵害行為を行っている者が転職している場合、直ちに転職先が営業秘密の侵害者となるものではないことにも注意が必要である。転職先が営業秘密の侵害者となるのは、「元従業員が新たに所属した会社の指示で持ち出し行為を実施した、又は新たな会社が元従業員により持ち出された情報の利用を明示又は黙示的に承認していた」という事実が、証拠により認められる場合である（場合によっては、転職先に対しても不正競争防止法違反

を問うことも可能である。同法2条1項5号または6号参照）。

　以上を踏まえて、想定事例における営業秘密侵害の警告書の作成の留意点・検討手順の概要をまとめると、以下のとおりとなる。

　第一に、持ち出された情報の「営業秘密」該当性を検討する。その検討ポイントは前述①～③の3要素である。このうち、秘密管理性は社内の情報の保管・取扱い状況（マル秘マークの記載、パスワードの設定や閲覧対象者の限定などによるアクセス権限の付与等）を検討し記載する。有用性は、反社会的な情報でない限り通常問題とならないものの、警告書の記載に説得性を持たせ、損害賠償請求の記載へと展開しやすくするために、重要な情報であることを記載することが有益である（他方で、非公知性については通常問題とならないであろう）。

　次に、上記営業秘密が「示された場合」に該当するかどうかを検討する。ここで、「示された場合」とは、その営業秘密を不正取得以外の態様で営業秘密保有者から取得する場合であり、口頭、紙媒体での取得のほかに、営業秘密のアクセス権限を付与された場合や職務上使用している場合も含まれる。元従業員の社内の職務上の地位やアクセス方法を踏まえた検討が必要となる場合が通常であろう。なお、記載例のように、すでにアクセス権限が付与されていることが自明な事例では、特に明記する必要性は低いであろう。

　さらに、「不正の利益を得る目的」または「営業秘密保有者に損害を加える目的」で営業秘密を「使用」し「開示」した事実関係を検討する。具体的には、会社の重要な情報を、会社が認められない方法により取得したうえで、競争関係にある企業へと転職し活動していることや営業秘密保有者に財産的損害が生じうる態様で情報を使用していることを記載する必要がある。記載例では、持ち出しが禁止されている顧客データの取得行為に言及しつつ、競争関係にある転職先のZ社における使用（顧客に接触し契約先の変更を促す行為）を記載している。

4　競業避止義務違反・引抜行為への警告

(1)　記載例

想定事例

　Ｘ社の取締役を退任したＹは、Ｘ社との取締役就任契約書において、退任後の競業禁止義務や従業員に対する引抜禁止条項が規定されていたのにもかかわらず、同社の取締役を退任した後、Ｘ社と同一業種を行う新会社Ｚ社を設立した。また、ＹはＺ社設立の際に、同社の従業員を確保するため、経験のあるＸ社の従業員を引き抜き、Ｘ社の人材を流出させていた。このような中で、Ｘ社が警告書を送付した事例。

競業禁止義務違反についての警告書

　貴殿は、△年より当社の取締役に就任し、○○に関する業務を担当し、○年４月１日をもって、当社の取締役を辞任しています（○年３月15日付け辞任届）。

　貴殿は、取締役就任に際し、当社との間で就任承諾書を締結しており、同書面第５条及び第６条においては、以下のとおり、競業禁止義務と当社の従業員に対する勧誘目的での退職推奨行為の禁止が定められております。

記

第５条「乙（※貴殿のこと）は、当社の取締役を退任後○年間、自ら又は第三者をして、当社が行う事業と同一又は類似の事業を行ってはならない。」

第6条「乙は、辞任、任期満了による退任又は解任をされることにより、当社の取締役の地位を退いた後、当社の役職員に対して当社からの退職を促す働きかけをしてはならない。」

ここで「当社が行う事業」とは、○○業務を意味し、貴殿は当社を退任後○年間、当該業務を自ら行い、また第三者を通して行うことはできません。

ところが、貴殿は○年5月1日に事業内容に○○業務を含むY株式会社（以下「Y社」といいます。）を設立して同社の代表取締役に就任し、同社を経営しております（Y社登記事項証明書）。実際にY社のホームページにおいても、貴殿は同社の代表取締役である旨が記載されており、ホームページ上の会社案内や広告では、Y社の業務は主に「○○業務」とされ、当社と同一の事業を行っていることが公表されております。

また、貴殿がたびたび当社の従業員にSNSなど通じて連絡し、「△△△」「□□□」などと全く根拠のない事実を告げてY社への転職を勧めていることが確認されております。実際に、貴殿の働きかけに応じて、○年○月○日、○○業務を担当していた△△がY社へ転職した事実も判明しています。

このような貴殿の行為は、上記就任承諾書に定められた各条項に違反する行為であり、また、当社の営業妨害を意図するもので不法行為にも該当する可能性がある行為です。

当社は貴殿に対して、本警告書受領○日以内に、○○に関する業務のすべてを停止することを求めます。また、今後一切勧誘目的で当社の従業員の引き抜き行為を行わないよう要求します。

仮に改善が見られない場合には、貴殿の各行為の差止を請求するとともに、当社の受けた損害の賠償を請求します。

(2)　競業避止義務・引抜行為の基礎知識

　従業員には転職の自由があるものの、人材の流出はときに営業秘密の流出を伴い、会社の業務そのものに支障を及ぼす可能性がある。

　このような事態を防止するために、契約書において、退職後の競業禁止義務条項や現従業員に対する引抜禁止条項が規定される場合が多い（なお、在職中の競業禁止義務について、取締役が会社法356条1項1号に基づいて負い、従業員は雇用契約によって信義則上同義務を負うと解されている）。もっとも、競業禁止義務の有効性については、競業の制限が合理的範囲を超え、退職者の職業選択の自由等を不当に拘束する場合には、公序良俗に反して無効と判断されうる。記載例のような退任した取締役についての競業禁止義務の有効性について、退職した従業員の場合と同様に、①競業が禁止される業務の範囲、②競業禁止義務が合意されるに至った経緯、③取締役の社内における地位、④取締役に対する金銭的補償等の代替的措置の有無（特に役員報酬や退職慰労金の金額が重視される）、⑤競業禁止義務を負担する地理的範囲・時間的範囲が考慮されるのが通常である（東京地判平5・10・4金判929号11頁、東京地判平21・5・19判タ1314号218頁）。

　また、引抜禁止行為についても、通常の勧誘行為にとどまる限り適法と解されており、転職や引き抜き等の手段、態様が悪質で社会的相当性を逸脱するほど著しく不当を言える場合には、契約上または不法行為上の責任を負うと解されている。

　このように、競業禁止義務違反や引抜禁止条項違反を理由とする法的責任を追及する場合には、転職をはじめとする個人の職業選択の自由に影響を及ぼすことから、法的有効性については個別の事案ごとに判断する必要がある。

【競業禁止義務条項の一例】

「当社を退職後、〇年間、当社が実施する事業と競業関係にある事業
を営む他社に就職し、役員に就任してはならないものとします。」

【引抜禁止条項の一例】

「私は、貴社に在職中及び退職後〇年間にわたり、私又はその関係者
を通じて、貴社の役員若しくは従業員（正社員、パートタイマー、契約社
員、派遣社員等名称を問わず一切の従業員をいう。）を勧誘し、貴社からの
退職を促し、あるいは貴社の業務に支障を与えるような働きかけも行わ
ないことを約束いたします。」

(3)　記載上の注意点

　法的な合意事項として、競業禁止義務を負っていることを、該当条文によ
り示すことがまず必要である。次に、退任または退職者の行っている行為が
「競業」に該当することを、事業内容や市場での位置づけ、対象顧客などを
踏まえて明確に認定する必要がある。記載例では、競業を行う会社の登記事
項証明書、同社のホームページや広告など比較的入手が容易なものを証拠と
して提示するように記載した。また、引抜行為については、具体的な行為態
様を示し、通常の活動の範疇を超えた、社会的相当性を逸脱した行為である
ことを示す必要がある。引抜行為の証拠として、自社従業員への接触に関す
る証拠が必要であり、SNSや個別のメールなどで引抜行為が確認できてい
る旨の記載をした。

5　類似商号の使用への警告

(1)　記載例

想定事例

　Ｘ社の商号「△△○○株式会社」の一部「○○」を自社の商号として Ｙ社が用いることにより、Ｙ社はＸ社と関係性を有するという誤認を生じさせていることから、Ｘ社がＹ社に対して警告書を送付した事例。

商号使用停止に関する警告書

　当社は「△△○○」という商号（以下「当社商号」といいます。）を用いて、広く全国的に□□業を営んでおります。また、当社は「△△○○」名称を付した商品を広く全国各地において販売し、TVCM や雑誌においても広告をしており、「△△○○」は当社の名称としても、商品名としても広く社会に認知されております。

　このたび、当社は、貴社が、その商号として、「××○○」の名称を使用して、○県○市において、当社と同じく□□業を営んでいることを確認しました。貴社の商号のうち、「○○」という部分は、当社の商号の「○○」と同一であり、広く一般消費者に対して、当社の系列会社として貴社が位置づけられるとの誤解を生じさせるものです。現に、貴社は貴社のホームページや雑誌において、当社の系列会社であると一般人に誤解させるような記載をしており、また、先日貴社の顧客と思われる方から、貴社の製品について「……、……」といったクレームを当社が

受けることとなり、誤解を解くべく対応を迫られる事案も発生しております。

　貴社が、□□業を営む上で「○○」の表示を使用することは、広く認識されている他人の商品等表示を用いることで、他人の商品又は営業と混同を生じさせる行為として不正競争防止法第2条第1項第1号の不正競争に該当致しますので、直ちに上記商号から「○○」の部分を使用しない形式とするよう請求します。

　本件商号の使用が中止されないときには、やむを得ず上記「○○」の部分の使用の禁止を求める法的手続に移行することを申し添えます。

(2) 類似商号の使用規制の基礎知識

　会社を設立する際の商号について、かつては登記実務上、類似商号規制が存在していたが現在は廃止されており、設立に際しての商号規制は存在しない（ただし、商業登記法27条によって、同一の所在場所における同一の商号の登記は禁止されている）。

　しかしながら、会社法8条1項および商法12条において、「何人も、不正の目的をもって、他の会社〔商人〕であると誤認されるおそれのある名称又は商号を使用してはならない」と規定されている。

　また、不正競争防止法においては、①「他人の商品等表示（人の業務に係る氏名、商号、商標、標章、商品の容器若しくは包装その他の商品又は営業を表示するものをいう。以下同じ。）として」②「需要者の間に広く認識されているものと」③「同一若しくは類似の商品等表示を」④「使用し、又はその商品等表示を使用した商品を譲渡し、引き渡し、譲渡若しくは引渡しのために展示し、輸出し、輸入し、若しくは電気通信回線を通じて提供して、」⑤「他人の商品又は営業と混同を生じさせる行為」を不正競争の一類型として規定している（いわゆる混同惹起行為とされるものである。同法2条1項1

号)。この不正競争に該当する場合には、前記3(2)のとおり、差止請求、損害賠償請求、および信用回復措置をすることができる。

このように、法律は商号の使用方法が一定限度を超えた場合には、その使用を禁止する規制を設けているのである。

(3)　記載上の注意点

同一の所在場所でない限り、同一商号の会社を設立することは禁止されず、それが不正目的による場合や、不正競争法に違反する場合に規制対象になる。したがって、会社法8条1項および商法12条を根拠とする場合には、商号がどのように利用され、どのように認識されているかを具体的に記載することで、その使用が「不正」と評価されることを示す必要がある。

なお、類似商号の使用に対する警告書を送付する場合、その使用を禁止すること（会社の商号の変更・商号の抹消登記手続の実施）を含むことになるが、変更する側においても取引上の支障や多くの事務的対応（ホームページや広告等のPR資料の差替え等）を強いられることから、即座に応じないことも想定される。裁判所を関与させた手続の実施について専門家と協議する必要が高いであろう。

類似商標使用について、不正競争防止法上の混同惹起行為（同法2条1項1号）を理由とする警告書の作成の留意点・検討手順をまとめると、以下のとおりとなる。

まず、類似商号の「他人の商品等表示」該当性を検討し記載する。「商品等表示」とは、商品の出所または営業の主体を示す表示をいい、自社と他社を区別させる機能（自他識別機能）および特定の営業主体を識別する機能（出所表示機能）を有することが必要である。記載例では、「……当社の名称としても、商品名としても広く社会に認知されております」として端的にまとめている。

次に、上記他人の商品等表示が「需要者の間に広く認識されている」（周知性）に該当するかを検討する。周知性は、商品・役務の性質・種類、取引

態様、需要者層、宣伝活動、表示の内等の諸般の事情から総合的に判断される。個別の事案では上記「商品等表示」を用いて、自社がどのように活動をし、広告宣伝を実施してきたのかを記載する場合が通常であろう。記載例では、「広く全国各地において販売し、TVCM や雑誌においても広告をしており、……広く社会に認知されております」とまとめることとした。

　さらに、「同一若しくは類似の商品等表示」にあたるかを検討する。記載例では、「『○○』という部分は、当社の商号の『○○』と同一であり」など類似箇所を指摘する記載とした。

　最後に「使用し……他人の商品又は営業と混同を生じさせる行為」を記載する。営業主体の混同が生じていることや、緊密な営業上の関係や同一の表示を利用した事業を営むグループに属する関係があると誤信させるような事態が生じていることを記載する。記載例では、系列会社であると一般人に誤解させるような記載がホームページや雑誌上でなされていること、また、現実に類似商号使用者の顧客よりクレームを受け対応を迫られたことを記載した。

6　契約外の流通ルートへの商品販売への警告

(1)　記載例

想定事例

　医療機器メーカーである X 社は、その販売商品 A について、小売業者を通じて販売するため、販売店契約を各小売業者と締結していた。X 社は、販売商品 A について、これを使用する顧客の身体状況や要望を踏まえて、数回調整を行って利用してもらうのが適切であるとの判断の下、販売店契約においては、各小売業者に対して販売商品 A の調整等の顧客対応を義務付けると共に、販売商品 A を通信販売することを禁

止していた。ところが、販売店契約を締結している小売業者 Y 社は、販売商品 A について、自社のホームページにおいて通信販売を行っていたため、X 社が Y 社に対して警告書を送付した事例[29]。

通信販売行為禁止についての警告書

　当社は、貴社と医療品機器 A（以下「本商品」といいます。）について販売店契約（以下「本契約」といいます。）を締結し、貴社を通じて、本商品を顧客に対して広く販売しております。

　顧客が本商品の効能を十分に享受するためには、顧客の身体状況や要望を踏まえ本商品についての調整作業が必要不可欠であり、また、定期的なメンテナンスが必要となるほか、トラブル時に速やかに対応する必要があります（さもないと、顧客の身体に多大な影響を与えてしまいます。）。

　そして、本契約締結前に貴社にご説明し、契約書にも明記されているとおり、当社は本契約の第○条において、貴社に対して本商品の調整等の顧客対応を義務付けるとともに、第△条において本商品の通信販売を禁止していることは貴社もご承知のとおりです。

第○条（商品の調整）

　販売店は、利用者の求めに応じ、当社が指定するマニュアルに従って本商品に対して調整作業を実施するものとします。

第△条（禁止事項）

　販売店は、以下の事項を実施してはらないものとします。

　①　本商品を対面販売せずに、通信販売を実施すること

29　公正取引委員会の相談事例集「医療品メーカーによる通信販売の禁止」を参考にした。

②　本商品を、通信販売を行う事業者に対して販売すること

③　利用者の求めに応じた本商品の調整作業を実施しないこと

　ところが、○年○月頃から、貴社のホームページ上の販売商品一覧に本商品が掲載されており、これを購入した顧客より、本商品の使用方法が不明確であることや、効能が感じられないとの苦情を当社は受けております。また、通信販売業者Ｚより本商品を購入した顧客からも、本商品は故障しているのではないかとの苦情を受けており、当該顧客より提供された本商品の個体識別番号を確認したところ、故障しているとの申し出を受けた本商品は、当社が貴社へと販売したものであることが確認できております。

　貴社が本商品について通信販売を行うこと及び通信販売業者へと本商品を販売することは、本契約の第○条（商品の調整）及び第△条（禁止事項）に違反するものです。

　貴社のこのような行為により、当社は想定外の顧客対応を迫られるばかりか、貴社のような本商品の目的に背いた販売を行う事業者を指導監督する対応が必要となります。また、通信販売を通して本商品を購入した顧客が口コミサイトなどで調整作業を行わない旨の投稿をし、本商品の市場価値が毀損され、対外的評価が減少する事態も生じております。

　当社としてもこのような状況を看過することができず、○年○月○日に貴社担当者と面談し、当社に対する報告や改善策の実施を求めましたが、何ら回答ないまま今日に至っております。

　当社は、貴社に対して、本商品を通信販売の方法で販売せず、また通信販売を行う事業者に対しても本商品を販売しないように再度警告します。また、本書受領後○日以内に、通信販売によって顧客に対して本商品を販売した販売数の合計及び販売金額の総額を当社に対して報告してください。

　仮に、本書受領後であっても、改善がなされない場合又は上記期間内

> に当社への報告がない場合には、本契約を解除することを検討せざるを
> 得ません。その場合、本契約第〇条に基づいた違約金〇〇万円について
> も貴社に対して請求することになりますので、速やかな対応をお願いし
> ます。

⑵　流通ルートの制限に関する基礎知識

　製品を製造するメーカーが全国各地への製品販売を目指す際、販売ノウハ
ウを有する他社に販売を行わせ、また販売店に対して事前に製品の取扱方法
を習得させたうえで、顧客からの製品に関する一次的な対応もこの他社に行
わせることがある。法律用語ではないが、契約実務上、「販売提携」、「販売
会社」、「販売店」および「代理店」などと呼ばれ、実務上用いられる契約形
式は、製品の普及の場合には「販売店契約」や「代理店契約」と呼ばれる。

　このような契約では、製品の種類性質等やブランドイメージ確立戦略に基
づいて、顧客への販売方法について制限をかける条項（記載例のように、通
信販売を禁止することなど）が設けられることがある。また、同一の地域にお
いて販売店や代理店が乱立し、メーカーが商品を多地域において効率的に販
売するための障害とならないように、販売エリアを制限する趣旨の条項が設
けられる場合もある。

　事業者が小売業者の販売方法や販売地域を制限することは、当事者の属性
および合意内容によっては、独占禁止法の定める「不公正な取引方法」（同
法2条9項）に該当する可能性があり、これを具体化する公正取引委員会の
一般指定12項との抵触が問題となるため、公正取引委員会が定める「流通・
取引慣行に関する独占禁止法上の指針」を踏まえて、対応を検討する必要が
ある（特に、メーカーの市場におけるシェアが20％を超える場合には独占禁止法
に抵触しないかの詳細な確認が必要であろう）。

(3)　記載上の注意点

記載例の事例は、販売店契約を前提とした警告書である。

販売店契約や代理店契約を締結する場合、互いにビジネス上のメリットがあり、相互に友好的な関係を築きつつ利益を確保すること（物やサービスを普及する側にとっては、自社の製品を全国的に展開しブランド力を向上させること、提供を受ける側にとっては、他社の製品やサービスのブランド力を用いて自社の利益を確保すること）が目的とされ、ビジネスパートナーの関係性にある。このように取引先である契約の相手方に対して、契約違反行為を是正させるためには、担当者間での指導、注意、書面による通知や面談を行うことが取引実務上通常である。このような手段を講じても従わない場合に、最終手段として「警告書」を送付することが考えられる。記載例においても、自社が警告書を送付することの正当性を示すために、通信販売を禁止する合意事項の趣旨目的を記載することに加え、当該合意事項が遵守されないことにより自社に生じる弊害、および担当者を通じて報告や改善措置の実施を求めるもこれがなされていないことにまで踏み込んで記載をすることとした。

また、上記のとおり、契約の相手方に警告書を送付する場合、基本的に契約の解除も実施されることが想定される。この点、販売店契約や代理店契約などの継続的契約を解除する場合、過去の裁判例に照らすと、解除の要件として「やむを得ない事由」が認められることが必要とされ、契約書の解除事由に該当すれば直ちに解除できるものではないとされる。契約解除も視野に入れる場合には、過去の裁判例に照らしてさまざまな事情の有無の調査を要する場合もあり、警告書の送付段階でこの確認が未実施であれば、解除権の行使の意思表示はせずに、まずは違反行為の是正を求め、是正なき場合の不利益を告知することを検討すべきであろう。

7　比較広告による信用毀損行為への警告

(1)　記載例

|想定事例|
　A 社と競業関係にある B 社が、そのホームページにおいて、B 社の製品の優位性を示すために、A 社製品を比較対象（ホームページの本文には A 社製品であることの明示無し）としていたところ、A 社製品の性能について、虚偽の事実関係を記載していた事例。

信用毀損行為への警告書

　貴社は、貴社ホームページ（※ URL を引用、以下「本件 HP」といいます。）において、貴社製品「△△△」（以下「B 製品」といいます。）の仕様を説明し、その性能を広く世間に向けて PR しております。

　本件 HP において、貴社は B 製品の性能を示す比較対象として、別紙 1 に記載された商品を掲げており、この商品は、その外観からすると、別紙 2 に記載のとおり、当社が現在販売している当社製品「○○○」（以下「A 製品」といいます。）であることは明らかです。

　貴社は本件 HP において、A 製品の仕様を、「～～」と記載し、B 製品と A 製品を比較実験した上で、B 製品が○倍の効果を有するとの内容を掲載しています。

　しかし、当社製品の正確な仕様は、添付の取扱説明書記載のとおり「□□□」というものであり、本件 HP 上の記載内容は誤りです。また、添付の調査報告書からも明らかなとおり、貴社が行った実験方法は

当社製品の正確な仕様である「□□□」を前提としていないもので、比較の方法として不公正であり、また実験方法も「……、……」なもので、一般ユーザーの利用方法とも著しく異なるものです。そして、○倍という数字は、当該実験結果の引用としても正確なものではありません。

このように、本件HP上のB製品との比較によるA製品に対する記載は、当社製品に関する虚偽の事実を流布し、劣位にするものでA製品の信用を害するものですので、不正競争防止法上の信用毀損行為（同法第2条第1項第21号）に該当し、また、貴社のB商品の品質を誤認させるものであり、同項第20号にも該当するものです。

当社は、○年○月○日より貴社に対して本件HPの記載を見直すか削除し、その旨を本件HP上に訂正のお知らせとして掲示するように申し入れましたが、何ら対応されるに至っておりません。

当社としてこのような状況は看過することができず、本書受領後○日以内に、上記対応がなされない場合に、速やかに法的措置を実施します。貴社におかれては即刻対応をすることを求めます。

(2) 比較広告の問題に関する基礎知識

消費者が商品を購入する場合、多数の選択肢がある中で自社の商品（製品）を選択してもらうためには、他社商品（製品）との違いを提示したうえでの特徴を示した方がより効果的である。このような広告手法は、一般的に比較広告と呼ばれ、自社と競合する企業の製品と自社製品の特定の事項を比較して、自社製品の優位性を示すことを意味する。

企業が比較広告を行う際に、留意すべき法的規制は、比較の対象とした他社に対する不正競争防止法上の信用毀損行為に該当しないかである。

また、広告の内容が景表法上の有利誤認表示（同法5条2号）に該当しな

いかも問題となり、その判断は「比較広告に関する景品表示法上の考え方」（消費者庁ホームページ参照）を参考にすることが有益である。有利誤認該当性が認められる場合には、警告書の法的措置の一環として、消費者庁に情報提供することも考えられよう（消費者庁の「景品表示法違反被疑情報提供フォーム」の利用が考えられる）。なお、景表法は、私人間の権利義務に関して規律する民法や商法とは異なり、国が事業者に対して一般消費者の利益のために事業者の遵守すべき事項を定めた行政法規であり、有利誤認表示該当性の際に、事業者の故意または過失の発生や消費者の損害の発生を要件としていない。損害賠償請求等の金銭的賠償を求める場合には、別途不法行為の要件（不正競争防止法４条、民法709条）を検討し、その旨を記載することが必要である。

(3)　記載上の注意点

　信用毀損行為のうち、競争関係にあることは当事者間にとって自明のことであるから、警告書の記載の際に特に言及することは通常不要であろう。他方で、「虚偽の事実」すなわち虚偽記載への言及については具体的に行うべきであり、侵害者の掲げる記述のうち、どこの部分がどのような点で客観的事実に反するのかを示す必要がある。また、事実ではない主観的な見解ないし判断や証拠等による証明になじまない物事の価値、善悪、優劣についての批評等は、意見または論評の表明の範疇に属し、客観的事実に反するとは言えないと解されている（たとえば、料金が算定される根拠を示したうえで「○○は料金が高い」との記載がある場合、意見または評価を述べたにすぎないと解されうる）。以上を踏まえると、信用毀損行為を理由とする警告書を送付する場合には、客観的事実に反することの証拠の確保と提示の必要は高く、自社の商品説明や社内の実験結果などを警告書の添付資料として送付することが必要となる場合もある。

　また、TVCMやホームページ上で、比較広告が一度行われるとこれを見た消費者としては、他社製品の方が優れているので購入しようとの印象を持

つ可能性が高い。このような不適切な印象を除去するためには、警告書において、信用回復措置の一環として、訂正広告や謝罪文の掲載を求める必要性が高い場合が多く、社会的信用の回復措置を求めるべきである。

8　誓約書の提出（加害者側）

　警告書を送付し事案の解決を図る場合には、会社として警告書の別紙として添付した誓約書の提出を合わせて求めることも考えられる。特に、受け手が個人の場合は、誓約書の提出は当該個人の判断においてなし得ることが通常である（他方で、受け手が会社の場合には、書面提出の社内承認過程が多岐にわたり、手続に時間を要する）。

　送る側の会社としては、侵害行為の内容や程度からして、ひとまず侵害行為の停止についての合意が形成できれば問題ないと考える場合もあろう。その場合の警告書の記載として、「誓約書の提出がない場合には、法的措置を実施する」旨の記載をして、提出を促すことが考えられる（以下、誓約書の記載例を掲げる）。

　なお、誓約だけであると、法的義務なのかどうか明らかにならないことがあるため、法的義務であることを明記すべきである。また、誓約書に違反した場合の違約金（ただし、合理的金額でないと無効になる場合がある）を記載することで、加害行為の再発をさらに抑制することも検討すべきだろう。

誓約書

　私、＿＿＿＿＿＿＿＿＿＿は、X株式会社（以下「X社」といいます。）より受領した、○年○月○日付け「○○○○に関する警告書」（以下「本件警告書」といい、この誓約書の別紙として添付します。）に関して、下記のとおり誓約いたします。

記

1　私は、本件警告書○に記載の事実を行ったことを認め、貴社に対して謝罪いたします。

2　私は、今後一切○○○○を行わないことを誓約いたします。

3　今後、本件誓約書に記載の事項について、追加で貴社が確認したい事項があれば、私は速やかに回答し、調査に対応いたします。

4　この誓約書の内容は私の法的義務であり、違反した場合、私がX社に対して違約金として○○円の支払義務を負うことを認めます。

以上

　一方的に送付を行う警告書において、誓約書の提出（特に法的な義務を負担させるもの）を求める場合、後日、真意ではなかったとの反論をさせないためにも、自署で提出させることが必要であろう。また、営業情報を持ち出した事案においては、有体物については返還をさせると共に、他の記録媒体へと複製も行っていることが疑われる場合には、情報をすべて削除した旨の誓約も必要である。

第4章　催告書

I　基礎知識

1　催 告

　催告とは、相手方に対して一定の行為を要求する意思を示す行為であり、債権者が債務者に対して義務の履行を要求するもの（以下、「履行要求型」という）と、債務者が債権者に対して権利の行使や債権の申出を催促するもの（以下、「確認等催促型」という）に大別される。

　また、催告は、契約の申込みや承諾のように示した意思の内容に沿った法律効果（契約の成立）を生じさせるものとは異なり、たとえば、義務の履行を要求する意思を示した結果として債務者が履行遅滞に陥るなどの法律効果が生じる点に特徴があり、契約の申込みや承諾などを「意思表示」と呼ぶのに対して「意思の通知」と呼ばれる準法律行為である[30]。

　本章では催告書を、「自らが望む法律効果の発生のために相手に行為を促す文書」と定義する。催告書は、ある特定事項の履行や確認等を促す（催告する）ことによって、その催告の結果、法律の定めによって生じる効果を得ようとするところに主目的がある。

---

[30]　なお、催告と呼ばれるものの中には、以上のほか、たとえば公示催告（非訟事件手続法99条以下）や権利行使催告（民事訴訟法79条3項）と呼ばれるものもある。

【請求書】（目的）貸金を回収したい

　　　　　「貸金の返還を請求する」

【催告書】（目的）民法150条「催告があったときは、その時から六箇月

　　　　　を経過するまでの間は、時効は、完成しない」に従って、時

　　　　　効の完成期限を延ばしたい

　　　　　「貸金を返還するよう催告する」（※請求書と同様に「貸金の返

　　　　　還を請求する」と表現することも多い）

2　催告の種類

　履行要求型、確認等催促型それぞれによる法律効果の具体例としては〔表
7〕のようなものがあげられる。

〔表7〕　催告による法律効果の具体例

種類	催告による法律効果の具体例 （民法の条文は現行民法による）
履行要求型	・消滅時効の完成猶予（民法150条） ・利息の元本組み入れ（民法405条） ・履行期限を定めなかった義務について履行遅滞に陥らせる（民法412条3項） ・保証人による催告の抗弁（民法452条）を封じる ・履行遅滞等による解除権の発生（民法541条） ・消費貸借契約につき返還時期を定めなかった場合に、相当期間経過後に履行遅滞に陥らせる（民法591条1項） ・割賦販売法の適用を受ける割賦販売契約の賦払金について20日以上の相当期間経過後に解除権等を発生させる（割賦販売法5条） ・複製権等保有者が出版権者に対して、著作物を慣行に従い継

	続的に出版行為を行う義務の履行を請求し、3か月以上の期間経過後に出版権を消滅させる（著作権法84条2項） ・宅地建物取引業者が売主として宅地または建物の割賦販売契約をした場合の賦払金について30日以上の相当期間経過後に解除権等を発生させる（宅地建物取引業法42条1項）
確認等催促型	・制限行為能力者等への追認等の催告（民法20条） ・無権代理の相手方から本人への催告（民法114条） ・選択債権における選択権の移転（民法408条） ・弁済受領の催告（民法493条） ・解除権を行使するかどうかの確答を求め、相当期間内に解除の通知がない場合に解除権を消滅させる（民法547条） ・売買の予約完結権を行使するかどうかの確答を求め、相当期間内に確答がない場合に予約の効力を失わせる（民法556条2項） ・商人間の売買で買主が目的物の受領を拒絶しまたは受領不能の場合に相当期間経過後に目的物を競売に付することができる（商法524条1項） ・株式競売に係る当該株式の株主および登録株式質権者への催告（会社法198条1項） ・資本金等の額の減少につき知れている債権者への催告（会社法449条2項） ・吸収合併、吸収分割または株式交換につき知れている債権者への催告（会社法789条2項） ・清算法人から知れている債権者への、債権を申し出るべき旨の催告（一般社団法人及び一般財団法人に関する法律233条1項）

3　催告の方式

　催告は、たとえば割賦販売法5条や宅地建物取引業法42条1項など、法律上書面によることが必要とされているものもあるが、一般的には書面性を要求されず口頭で行うことも可能である。

　もっとも、催告の事実を客観的証拠として残しておくため、口頭ではなく書面によるべきであり、実務上は、内容証明郵便と同時に、配達証明を利用するのが一般的である。ただし、郵便による催告を行う時間的余裕がないなどの例外的な場合は、電子メールやファクシミリ等の方法をとることもありうるが、事後に催告が到達したかどうか疑義が生じないよう、電子メールの開封確認メッセージ機能、ファクシミリのモニターレポート機能等を活用し、さらに電話でも連絡の到達を確認して記録に残しておくこと等の工夫が必要になる。

II　各種催告書の記載例と留意すべき事項

1　時効の完成を猶予させる催告

(1)　一般的な注意事項

ア　時効の完成猶予

　民法は、催告をした時から6カ月間は時効が完成しないと定めている（同法150条）[31]。ある債権の時効が残り6カ月未満で完成してしまう場合、債権者は、まずは催告をして時効の完成を猶予したうえで、催告時から6カ月以内に、裁判上の請求、支払督促の申立て、和解の申立て、民事調停法もしくは家事事件手続法による調停の申立て、破産手続参加、再生手続参加、更生手続参加、強制執行等をすることで、時効の進行を止めることとなる。まずはこの催告の手順を踏まないと、債権が消滅してしまうため、債権者の債権管理において、必ず押さえておく必要がある。

　なお、一度催告し、時効の完成が猶予されている間に再度催告をしても、時効の完成がさらに猶予されることはない（民法150条2項）。

イ　債権はどの程度特定して記載することが必要か

　時効の完成が迫っている状況で催告書を作成する際に、請求金額や内訳などの詳細が明確にわかっていればよいが、現実には、契約書が見当たらなかったり、当時の取引担当者が退社していたりして、債権管理が必ずしも十分でないことがままある。そのような場合、債務者においてどの債権が請求されているのかわかる程度に特定されていればよいとされている[32]。

---

[31]　改正前民法で時効の「停止」、「中断」と呼ばれていたものは、現行民法では時効の「完成猶予」、「更新」と呼ばれることとなった。

とはいえ、催告書を送付した後の裁判において催告の効果が否定されては取り返しがつかないため、催告書の作成にあたっては、できる限り情報を収集したうえで、表題や本文中の記載全体に気を配り、債権の内容を具体的に記載する必要がある。他方で、債権の特定に不必要な情報まで詳細に記載しすぎると、催告の内容がかえって不明瞭となり、また、意図せず自身に不利な内容を認めることになってしまうこともあるので、必要十分な記載になるよう注意を要する。

そのほか、たとえば相殺の意思表示をする書面の場合、対当額を超える債権については催告にならないため（大判大10・2・2民録27輯168頁）、催告の法律効果の発生を求めるのであれば、対当額を超える部分についても請求する旨を明確に記載しなければならない。単純な請求事案でない場合や消滅時効の完成が間近に迫っていて書面を出し直す時間的余裕がないような場合は、弁護士に相談する等して慎重に作成するのが良い。

ウ　消滅時効は何年で完成するか

改正前の民法では、債権の消滅時効は10年（改正前民法167条）、商事債権の消滅時効は5年とされており（改正前商法522条）、民法およびその他の法律で5年以下の短期消滅時効も定められていた。

これに対し、現行民法は、債権の消滅時効を、債権者が権利を行使することができることを知った時から5年、権利を行使することができる時から10年と改め（民法166条1項）、商事消滅時効と民法上の短期消滅時効は廃止された。その他の法律の短期消滅時効が廃止されたかどうかは、民法の一部を改正する法律の施行に伴う関係法律の整備等に関する法律（平成29年法律第45号）を確認する必要がある。

また、人の生命または身体の侵害による損害賠償請求権は、それが債務不履行と不法行為のいずれによるものであっても、権利を行使することができ

32　我妻榮ほか『我妻・有泉コンメンタール民法〔第6版〕』（日本評論社、2019年）308頁。

ることを知った時から5年、権利を行使することができる時から20年とされた（民法167条）。製造物責任法5条においても、生命または身体を侵害した場合の、損害および賠償義務者を知った時からの消滅時効の期間が3年から5年に伸長されている。

　消滅時効の期間については、現行の民法の施行日前に債権が生じた場合（施行日以後に債権が生じた場合であって、その原因である法律行為が施行日前にされたときを含む）は、改正前民法の例によることとされている（改正法附則10条4項）。

(2)　主債務者（注文者）および連帯保証人に対する請負代金の催告

ア　記載例

〇年〇月〇日

東京都〇〇区〇町〇丁目〇番〇号
〇〇株式会社
代表取締役　　〇〇　　〇〇　　殿

東京都△△区△町△丁目△番△号
△△株式会社
代表取締役　　△△　　△△　　殿

　　　　　　　　　　　　東京都□□区□町□丁目□番□号
　　　　　　　　　　　　□□株式会社
　　　　　　　　　　　　代表取締役□□　　□□

催告書

前略　当社は、○年○月○日付けで、○○株式会社との間で下記の請負契約（以下「本件請負契約」といいます。）を締結し、△△株式会社は、同日付けで、同契約に基づく工事代金の支払債務を連帯保証しました。

記

　　　工事名　○○○○

　　　代　金　○○円

　しかしながら、当社は、○年○月29日に本件請負契約に基づく工事を完成させて同月○日に○○株式会社に引き渡したにもかかわらず、○○株式会社からは、工事代金○円のお支払がありません。

　つきましては、当社は、貴社らに対して、上記工事代金○円及びこれに対する○年○月29日の翌日である同月30日から支払済まで年3％の割合による遅延損害金の支払を請求します。

草々

イ　記載上の注意点

(ア)　請負代金請求の要件

　請負代金の支払を請求するためには、①請負契約の成立、②仕事の完成が必要である。また、引渡しが必要な請負契約において遅延損害金請求も行うのであれば、③目的物の引渡しの事実が必要であり、遅延損害金の起算点は引渡日の翌日となる[33]。

　なお、遅延損害金の利率につき、改正前民法は、民事法定利率を5％（改正前民法404条）、商事法定利率を6％（改正前商法514条）と定めていたが、改正により民事、商事を問わず、法定利率は3％に引き下げられた（民法404条2項。改正前商法514条は削除）。

---

[33]　岡口基一『要件事実マニュアル第2巻〔第6版〕』（2020年、ぎょうせい）98頁。

(イ)　連帯保証人に対する催告の効力

改正前民法の下では、連帯保証人に対して催告すれば、その効力は主債務者にも及び、主債務の消滅時効の完成も猶予されていた（絶対的効力。改正前民法458条・434条）。

しかしながら、現行民法は、改正前民法434条を削除し、連帯保証人に対する催告の効力は、主債務者に及ばないこととしたので（相対的効力）[34]、主債務の消滅時効の完成を猶予させるためには、主債務者に催告する必要があることに注意が必要である。

記載例は、主債務者および連帯保証人を連名にしており、当該書面を両者に送付することを想定している。

なお、現行民法の下でも、債権者と主債務者との間の特約により、連帯保証人に対する催告が主債務者にも及ぶよう変更することはできるので（同法458条・441条ただし書）、債権者としては、契約締結の際にそのような特約を設けることも検討すべきである。

---

[34]　現行民法の施行日前に締結された保証契約に係る保証債務については改正前民法の規定が適用される（改正法附則21条1項）。

(3)　連帯債務者（共同不法行為者）に対する催告

ア　記載例

○年○月○日

東京都○○区○町○丁目○番○号

○○株式会社

代表取締役　　○○　　○○　　殿

東京都△△区△町△丁目△番△号

△△株式会社

代表取締役　　△△　　△△　　殿

東京都□□区□町□丁目□番□号

□□株式会社

代表取締役　　□□　　□□

通知書

前略　当社は、貴社らに対し、以下のとおり、特許権侵害行為の中止及び同行為に基づく損害の賠償を請求します。

　すなわち、当社は、後記特許権を有していますが、貴社らは、当該事実を知りながら共謀のうえ、株式会社○○が○○（以下「本件商品」といいます。）を製造して株式会社△△に販売し、株式会社△△がこれを使用しています。

　貴社らの当該行為は、○○の点で当社の特許権を侵害するものですので、直ちに本件商品の製造、販売及び使用を中止するよう請求します。

　また、貴社らの当該行為により、当社は、後記の損害を被っておりますので、当該損害金○○円をお支払いくださいますよう請求します。

草々

記

（特許権の表示）

　（略）

（損害の表示）

　（略）

イ　記載上の注意点

(ア)　連帯債務者に対する催告の効力

改正前民法は、真正連帯債務者の一人に対する催告は他の連帯債務者に対してもその効力を生ずると定めていた（同法434条）。

しかしながら、共同不法行為に基づく損害賠償債務は不真正連帯債務であるところ、判例は、不真正連帯債務の債務者の一人に催告をしても、他の連帯債務者にはその効力が及ばないとの立場を採用しているため、記載例では共同不法行為者である両社を連名にしている。

さらに、現行民法は、改正前民法434条を削除したため、真正連帯債務の場合でも、その連帯債務者全員に催告の効果を生じさせるためには、当該債務者全員に催告を行う必要があることとなった[35]。

なお、現行民法の下でも、債権者と連帯債務者との間で履行請求の絶対的効力を認める旨の合意を行うことは可能である（同法441条ただし書）。

(イ)　継続的侵害行為の消滅時効

記載例の特許権侵害等のように加害行為が日々継続している事案に対する

---

[35]　現行民法の施行日前に生じた連帯債務（その原因である法律行為が施行日前にされたものを含む）については、改正前民法434条の規定が適用される（改正法附則20条2項）。

損害賠償請求は、日ごとに消滅時効が完成する。

　たとえば、4 年前から特許権侵害が行われている場合、特許権者が損害および加害者をその当時から知っていたときは、4 年前から 3 年前までの間の損害賠償請求権は消滅時効が完成する（民法724条 1 号）。

　もっとも、消滅時効は債務者が援用することが必要であり、債務者が消滅時効の完成を知って債務を承認する行為をした場合だけでなく、消滅時効の完成を知らずに債務を承認する行為をした場合にも、消滅時効の援用は認められないことになる。そのため、債権者としては、消滅時効が完成した部分についてもあえて催告する等の対応をとることも考えられる。

2　履行遅滞、解除のための催告

(1)　一般的な注意事項

ア　履行遅滞の責任を負わせる催告

　債務の履行について期限を定めなかった場合、債務者は、履行の請求（催告）を受けた時から遅滞の責任を負う（民法412条 3 項）。この定めは、基本的には債権一般に通用するが、消費貸借契約の場合は、後述するとおり相当の期間を定めて催告することが必要である（同法591条 1 項）。これに対し、不法行為に基づく損害賠償請求は、催告しなくとも不法行為時に当然に遅滞に陥る。その特則である金融商品取引法21条の 2 による請求も同様に、催告しなくとも損害発生時に当然に遅滞に陥ると解されている（最判平24・3・13民集66巻 5 号1957頁）。

債権の種類	遅滞の責任の発生時期
債権一般	催告到達時
消費貸借契約	催告から相当期間経過時
不法行為に基づく損害賠償請求	不法行為時

催告の効力を生じさせるためには、債務者が催告されている債務がどれであるか、つまり債権の同一性を示すことができれば足りるとされている（大判大2・12・22民録19輯1050頁）。

イ　解除のための催告

㈎　催告が必要な場合と不要な場合

債務者が債務を履行しない場合、債権者は、相当の期間を定めてその履行の催告をし、その期間内に履行がないときは、契約の解除をすることができる（民法541条）。

また、解除権の発生要件としての催告は、催告をする意味があってこその要件であるため、改正前民法の下でも、履行不能であるときや（改正前民法543条）、特定の日時または一定の期間内に履行をしなければ契約をした目的を達することができない定期行為についての履行遅滞は、催告をすることなく解除ができた（同法542条）。

さらに、現行民法では、それらのほか、債務者が債務の全部の履行を拒絶する意思を明確に表示したときや、債務の一部が履行不能または債務者が債務の一部の履行を拒絶する意思を明確に示した場合において残存する部分のみでは契約をした目的を達することができないときなどに、催告をすることなく解除ができることとしている（民法542条1項）。

(イ)　相当の期間を定めることは必須ではないが、明記した方がよい

　民法上、催告は「相当の期間を定めて」（同法541条）行うとされている
が、期間を定めずに催告しても、催告と解除の間に相当な期間が経過してい
れば解除の効果が認められる（大判昭2・2・2民集6巻133頁）。ただし、原
則として明記すべきであり、特に、後記(ウ)のように履行遅滞のみならず契約
解除のための催告を兼ねる場合、解除権の発生日や解除の効力発生日を明確
にするためにも期間を明記すべきである。

(ウ)　効率的な催告や解除通知

　債権者は、解除の意思表示を行うにあたって、債務者に一度催告すれば、
債務者を遅滞に陥れることができると共に、契約解除のための催告も兼ねる
ことができるとされている（大判大6・6・27民録23輯1153頁）。

　また、債権者は、相当期間を定めてその期限までに履行されなければ当然
に解除されたものとする催告（条件付解除の意思表示）を行うこともでき
る。この場合、相当期間の経過によって当然に解除の効果が生じる。

　実際の取引においては、無催告解除特約を付けていることもあり、当該特
約に基づき催告をせずに解除の意思表示をすることも考えられる。しかし、
判例は、無催告解除特約の有効性に関して、いわゆる信頼関係破壊の法理を
準用して、「催告をしなくてもあながち不合理とは認められないような事情
が存する場合」にのみ有効としている（最判昭43・11・21民集22巻12号2741
頁）。よって、無催告解除特約が付いている場合に、念のため催告をするか
どうかや、解除するタイミングなどについては慎重に検討すべきである。

(エ)　債務者の反論を予測した書面の作成

　債務者が履行を相当期間にわたって遅滞しているとしても、関連する事情
如何によっては解除が制限されることもある。債権者としては、以下のよう
な事情の有無等を確認し、債務者の反論を事前に予測したうえで催告を行う

べきである。

① 債権者が自身の債務の履行の提供をしていない場合は、催告のうえ解除の意思表示をしたとしても無効になる（大判大10・6・30民録27輯1287頁）。

② 債権者が受領遅滞の状況にある場合、受領遅滞を解消するに足りる意思表示をしたうえで催告することが必要である（最判昭35・10・27民集14巻12号2733頁）。たとえば、賃貸借において、賃貸人が賃料の受領拒絶の態度を表明していた場合には、賃借人に対し、以後賃料が提供されればこれを確実に受領すべき旨を表示する等して、自己の受領遅滞の状況を解消する必要がある（福島地判昭46・1・28判時636号76頁）。

③ 改正前民法は、解除するためには、債務不履行が債務者の帰責事由によるものであることが必要であるとしているため（改正前民法543条ただし書）、債権者は、債務者がどのような事由で債務不履行となっているかを調査して把握する必要がある（ただし、「帰責事由」の立証責任は債務者にある）。これに対し、現行民法は、改正前民法543条ただし書を削除したため、債務者の帰責事由の有無にかかわらず解除をすることが可能である（民法542条1項1号・2項1号）。ただし、契約書において帰責事由がなければ解除することができない旨の条項がある場合はその契約が優先することになるので、現行民法の下でも、契約書の解除条項を入念に確認する必要がある。

④ 改正前民法の下では、債務不履行が数量的にわずかなものにすぎない場合や、付随義務の不履行である場合には、解除原因とはならないとされることがあった（最判昭36・11・21民集15巻10号2507頁）。現行民法は、当該判例法理を明文化して、債務不履行がその契約および取引上の社会通念に照らして軽微であるときは解除ができないと定めている（民法541条ただし書）。したがって、不履行となっている債務が、その契約の中心的な義務であるか付随義務であるか、債務不履行によってどのような問題が生じるか等について調査のうえ催告書を作成する必要があ

る。

(2)　期限を定めていない貸金の返還を求める催告（履行遅滞）

ア　記載例

催告書

前略　当社は、貴社に対し、○年○月○日付けにて、○円を利息年○％の約定で貸し付けました。

　本件貸付については、返済期限を定めておりませんでしたが、本書をもって、返済を催告します。

　つきましては、本書到達後14日以内に、元本○円及び上記貸付日から支払済まで年○％の割合による利息をお支払ください。

　万が一、期限内にお支払いなき場合は、やむを得ず法的手段をとらせていただきます。

草々

イ　記載上の注意点

　消費貸借契約に基づく貸金の返還時期を定めなかった場合、貸主は、貸金の返還を求めるために、相当の期間を定めて返還の催告を行う必要がある（民法591条1項）。ビジネス法務においても、たとえば、資金繰りに窮している企業に急遽貸し付けるため相手方の口座に振込送金し、事後的に契約書を作成しようとしたところ、結局、作成することができなかったケースなどで、このような催告書を出す場合がある。

　ここでいう「相当の期間」とは、催告による解除を行う場合の「相当期間」（民法541条）とは異なり、借主たる債務者に返還のための準備期間を与

える趣旨である。通常１、２週間程度の期間を設定する場合が多い。なお、金額が少額であることや、事前の交渉経緯等から判断して、より短い期間であっても相当の期間として認めた裁判例もある。

(3) 分割払代金の支払を求める催告（解除）

ア　記載例

催告書

前略　当社と貴殿は、○年○月○日付け割賦販売契約を締結し、当社は下記条件にて下記商品（以下「本件商品」といいます。）を売り渡しました。

記

　　　　商品の表示　　○○

　　　　代　　金　　　○○円

　　　　支払条件　　　○年○月○日以降、毎月末日限り○円

　しかしながら、貴殿からは、本書発送日現在、当該割賦代金のうち○○円（同年○月～○月分）の支払がなされておりません。

　つきましては、本書到達の翌日から20日以内に、上記金額をお支払ください。

　万が一、20日以内にお支払がない場合は、期限の利益を喪失させ残金○円の支払を請求するか、又は、本契約を解除して本件商品の返還を請求するとともに、損害の賠償請求を行います。

草々

イ　記載上の注意点

　割賦販売法は、分割払契約につき、催告による解除や期限の利益を喪失さ
せて残代金の支払を請求する条件として、催告の書面性と、20日以上の相当
な期間を定めることを要求している（割賦販売法5条・30条の2の4・35条の
3の17）。

　なお、割賦販売法の上記制限は、たとえば、クレジットカード取引（包括
信用購入あっせん）の場合は商品や役務は無指定で適用されるのに対し（た
だし、不動産は適用除外）、自社割賦取引（割賦販売）の場合は商品・権利・
役務のいずれも政令で指定されたものに限って適用される。

(4)　契約解除の通知を兼ねた催告（売買）

ア　記載例

催告書

前略　当社と貴社は、〇年〇月〇日付けにて、貴社が当社に〇〇（以下
「本件商品」といいます。）を代金〇〇円で売り渡すとの売買契約（以下
「本件契約」といいます。）を締結し、当社は、〇年〇月〇日に上記代金
の支払を済ませております。

　しかしながら、貴社は、本件商品の引渡期日が同年□月□日であるに
もかかわらず、現在に至るまで当社に対し本件商品を引き渡していませ
ん。

　つきましては、直ちに本件商品を引き渡しくださいますよう、お願い
いたします。

　万が一、本書面到達後7日以内に、貴社が本件商品の引渡しがない場
合は、あらためて契約解除の通知をすることなく本件契約を解除しま

す。

草々

イ　記載上の注意点

　記載例では、催告した期間の経過後に当然に解除されたものとする催告をしているが、上記のような条件付解除の意思表示も可能である。

　履行の催告は「相当の期間を定めて」（民法541条）行う必要があるが、確定した期限があるケースにおける「相当の期間」とは、催告を受けてから履行の準備をして履行するのに必要な期間ではなく、すでに履行の準備の大部分を完了していることを前提に履行をするのに必要な期間を意味する。そのため、記載例では、売買契約の対象となっている商品を引き渡す準備ができていることを前提として、目的物の種類・量、目的物の引渡しを履行するための運送距離、運送方法等から総合的に考えて7日以内の履行を請求しているが、事案によって「相当の期間」は変わるため、個々に検討することが必要である。

(5)　契約解除の通知を兼ねた催告（継続的契約・フランチャイズ契約）

ア　記載例

催告書

前略　当社と貴社は、○年○月○日付けにて、フランチャイズ契約（以下「本件契約」といいます。）を締結しております。

　しかしながら、貴社からは、同年○月○日以降、ロイヤリティ（本件契約第○条）の支払がありません。

つきましては、本書到達後10日以内に、未払となっているロイヤリティをお支払くださいますよう催告します。

　万が一、上記期間内に貴社がお支払くださらないときは、あらためて契約解除の通知をすることなく本件契約を解除いたします。

　なお、本件契約を解除後、貴社は、当社のフランチャイジーとみなされる一切の行為を行うことができず、当社が貴社に使用許諾した商標、商号及び販促ツールその他一切のものを使用してはならず、貸与したマニュアル等の書面は当社にご返還いただきます（本件契約第○条）。

草々

イ　記載上の注意点

　記載例では、前記(4)と同じく、条件付解除の意思表示を行っている。

　また、本事例は、フランチャイズ契約という継続的取引を解除する事案であり、賃貸借契約と同様に信頼関係破壊の法理が適用されるものと解される。したがって、たとえば、従前はロイヤリティが期限内に支払われていたが直近一回の支払だけ履行されていないような場合は、いまだ信頼関係が破壊されるには至っておらず、解除が制限される可能性が高い。

　そのため、催告にあたっては、その効果が否定されないよう、契約書上の解除の定め（ロイヤリティの不払が何回に達すれば解除することとなっているか等）を確認するだけでなく、実際の債務不履行の内容・程度、債務者の態様等を総合的に判断しながら、催告の時期や内容を検討すべきである。

⑹ 契約解除の通知を兼ねた催告（種類債権・売買）

ア 記載例

通知書

前略　当社と貴社は、○年○月○日付けにて、貴社が当社に○○（以下「本件商品」といいます。）を代金○○円で売り渡すとの売買契約（以下「本件契約」といいます。）を締結し、当社は、同日、貴社に代金を支払ました。

　しかしながら、貴社は、引渡期限である同月○日に本件商品を当社にお持ちくださったものの、当該商品は、○○○○という点で、民法第401条第1項に定める中等の品質を有する物ではないことが明らかであるため、給付として認められません。

　つきましては、本書面到達後7日以内に、当該欠陥のない商品を引き渡しくださいますようお願いいたします。

　万が一、貴社が上記期間内に本件商品の引渡しを行わない場合、あらためて契約解除の通知をすることなく本件契約を解除するとともに、損害賠償請求を行わせていただきます。

草々

イ 記載上の注意点

　記載例では、前記⑷と同じく条件付解除の意思表示を行っているうえ、履行遅滞に基づく損害賠償請求（民法415条）の予告もしているが、すでに損害の発生とその額が明確になっていれば、同書面においてその賠償を求めることも考えられる。

　また、記載例は、売買の目的物を種類でのみ指定している事案であるが、法律行為の性質[36]または当事者の意思によってその品質を定めることができないときは、債務者は、中等の品質を有するものを給付する義務があるとされている（民法401条１項）。

　売買の場合は、当事者の意思で品質を定めていなければ、同条により中等の品質を有することが求められ、かつ、それで足りるということになる。

　したがって、債権者としては、売買契約に基づいて交付された目的物の品質に不満があっても、それが中等の品質を有しておらず給付として認められないことまでを言わなければ、債務者に対して履行遅滞の責任を問えないことに注意が必要である。

3　無権代理人の行為と催告

(1)　記載例

催告書

○年○月○日

東京都△△区△町△丁目△番△号
△△株式会社
代表取締役△△　　△△　殿　（※注：宛て名は「本人」宛てとなる）

東京都○○区○町○丁目○番○号
○○株式会社
代表取締役　○○　　○○

---

[36]　法律行為の性質によって品質を定めることができる場合とは、借りたのと同じ種類、品質および数量の物を返還することとされている消費貸借（民法587条）や消費寄託（同法666条）が想定されている。

前略　当社は、○年○月○日、貴社の代理人である□□氏（※注：「代理
人」とされた者）との間で、貴社所有の後記不動産を購入する契約（以
下「本件契約」といいます。）を締結しました。

　しかしながら、その後、□□氏は貴社から本件契約に係る代理権を授
与されていないことが判明しました。

　そのため、当社は、本書をもって、貴社に対し、本書到達の翌日から
1か月以内に、本件契約を追認するかどうかを確答くださいますよう催
告します。

　なお、期日までに確答を発してくださらない場合は、民法の定めによ
り、本件契約を拒絶したものとみなされますので、念のためお伝えしま
す。

記

（不動産の表示）

　（略）

草々

(2)　記載上の注意点

　無権代理とは、本人を代理する権限がないにもかかわらず、本人の代理人
として契約を行うことをいい、本人が追認しなければ本人に対して効力を生
じない（民法113条1項）。

　そこで、無権代理行為の相手方は、本人に対して、相当の期間を定めて、
追認するかどうかの確答を求める催告を行うが（民法114条本文）、制限行為
能力者と取引等の行為をした相手方の催告（同法20条1項・2項）が期間内
に確答がない場合は当該行為を追認したものとみなすのに対して、無権代理
行為の相手方の催告は期間内に確答がない場合は追認を拒絶したものとみな
される（同法114条ただし書）。

167

「相当の期間」をどの程度設けるかについては、取引の目的、価額、無権代理人と本人の関係等から総合的に判断することになるが、確答がなければ追認拒絶となってしまうことも念頭に置いて検討する。記載例のように、取引の目的物が不動産であれば、本人としては当該不動産を売るかどうかをその代金額と不動産査定書等との客観的資料と比較しながら決定することも想定されるので、1カ月程度の期間を設定することも考えられる。

4　その他行為を促す文書

(1)　合併の際に知れている債権者に行う催告

ア　記載例

催告書

○年○月○日

債権者各位

東京都○○区○町○丁目○番○号

○○株式会社

代表取締役○○　　○○

　拝啓　時下ますますご清栄のこととお慶び申し上げます。

　当社は、この度、株式会社△△（住所：△△△。以下「△△」といいます。）との間で、当社を吸収合併存続会社、△△を吸収合併消滅会社とする吸収合併を行うことといたしました。

　当該合併により、当社は△△の権利義務の全てを承継し、△△は解散することとなります。

　　当該合併に異議がある債権者におかれましては、○年○月○日までに異議の申述を行ってくださいますようお願いいたします。

　　なお、最終貸借対照表は、下記のとおりです。

記

（略）

敬具

イ　記載上の注意点

　吸収合併、吸収分割または株式交換につき異議を述べることができる債権者のうち知れている者へは各別に催告する必要がある（会社法789条2項・799条2項）。異議を述べることができる期間は1カ月を下ることができない（同法789条2項ただし書・799条2項ただし書）。催告もれがないように注意を払う必要がある。

　もっとも、官報のほか、会社の定款の定めに従って時事に関する事項を掲載する日刊新聞紙または電子公告（会社法939条1項2号・3号）により公告するときは、当該各別の催告（吸収分割をする場合における不法行為によって生じた吸収分割株式会社の債務の債権者に対するものを除く）は不要とされている（同法789条3項・799条3項）。

(2)　双方未履行の双務契約につき再生債務者に行う催告

ア　記載例

催告書

○年○月○日

東京都△△区△町△丁目△番△号

△△株式会社

代表取締役△△　△△　殿

東京都○○区○町○丁目○番○号

○○株式会社

代表取締役○○　○○

前略　当社は、貴社に対し、○年○月○日付け賃貸借契約（以下「本件契約」といいます。）に基づき、後記不動産を賃貸しています。

　しかしながら、貴社は、○年○月○日午後○時○分、東京地方裁判所により再生手続開始決定（令和○年（再）第○号）を受けています。

　そのため、当社は、民事再生法第49条第2項に基づき、本書をもって、貴社に対し、本書到達の翌日から1週間以内に、契約の解除をするか又は債務の履行を請求するかを確答いただきますよう催告します。

　なお、期日までに確答がない場合は、同項の定めにより、同条第1項の規定による解除権を放棄したものとみなされますので、念のためお伝えします。

記

（不動産の表示）

　（略）

草々

イ　記載上の注意点

　債務者が民事再生手続を開始した時に、双方未履行の双務契約を当該債務者と締結している債権者は、再生債務者等に対して、相当の期間を定め、その期間内に契約の解除をするかまたは債務の履行を請求するかを確答すべき

旨を催告することができる（民事再生法49条2項前段）。再生債務者等が期間内に確答しないときは、解除権（同条1項）を放棄したものとみなされる（同条2項後段）。

　債務者が破産した場合にも同様の催告を行うことができるが（破産法53条2項）、破産手続の場合の催告は、破産管財人に対して行う点に違いがある。

(3) 成年後見人に対して追認するかどうかの確答を求める催告

ア 記載例

催告書

令和○年○月○日

東京都△△区△町△丁目△番△号
○○氏法定代理人成年後見人
△△　△△　殿

東京都○○区○町○丁目○番○号
○○株式会社
代表取締役○○　○○

前略　当社と○○氏は、△年△月△日付け○○契約（以下「本件契約」といいます。）を締結しました。

　しかしながら、その後、○○氏は成年被後見人であることが判明しましたので、当社は、本書をもって、成年後見人である貴殿に対し、本書到達の翌日から1か月以内に、本件契約を追認するかどうかを確答くださいますよう催告します。

　なお、期日までに確答を発してくださらない場合は、民法の定めにより、本件契約を追認したものとみなされますので、念のためお伝えしま

171

す。

　　　　　　　　　　　　　　　　　　　　　　　　　　　　　草々

イ　記載上の注意点

　制限行為能力者と取引等の行為をした相手方は、当該制限行為能力者が行
為能力者となった後にその者に対して（民法20条１項）、または、法定代理人
等に対して（同条２項）、１カ月以上の期間を定めて、追認するかどうかの
確答を求める催告を行う。期間内に確答を発しない場合は追認とみなされる
（後記Ⅲ６⑵参照）。

⑷　譲渡担保の実行予告

ア　記載例

催告書

前略　当社と貴社は、○年○月○日付け○○契約（以下「本件○○契約」
といいます。）に関し、令和○年○月○日付けにて譲渡担保契約（以下
「本件譲渡担保契約」といいます。）を締結しました。

　しかしながら、○年○月○日以降、貴社から、本件○○契約○条に定
める分割払の条件による代金のお支払がないため、同契約○条に基づ
き、貴社は代金債務につき期限の利益を喪失しました。

　つきましては、本書到達後○日以内に、残代金○円をお支払ください
ますよう催告します。

　万が一、本書面到達後○日以内に、貴社からのお支払がないときは、
本件譲渡担保契約に基づき、後記の譲渡担保物件の当社への引渡しを実
行しますので、予め通知します。なお、その場合、被担保債権額は上記

のとおり○円であるのに対し、譲渡担保物件の価額は△円ですので、当
社に差額の清算義務は発生しないことを申し添えます。

記

(略)

草々

イ 記載上の注意点

譲渡担保物件の価額が被担保債権額を上回る場合には、差額分を清算金と
して支払う必要がある。なお、この清算義務は、目的物の引渡しと同時履行
の関係にあるとされているので（最判昭46・3・25民集25巻2号208頁）、あら
かじめ譲渡担保物件の価額を査定し、清算金を準備しておく必要がある。

(5) 「ご確認のお願い」

「請求書」、「通知書」、「催告書」などのいずれのタイトルにするかについ
て、法律上決まりがあるわけではない。いずれのタイトルでも、書面の本文
には、法律効果を発生させるために法律上要求されている要件を不足なく記
載しなければならない。換言すれば、タイトルは何であろうが、必要な要件
を充足する記載となっていれば催告の法律効果は発生する。

　もっとも、法律効果の問題ではなく、受け手との関係を考慮して、柔らか
いニュアンスのタイトルを選択することがビジネス上は好ましい場合があ
る。たとえば、支払が遅れているときに、「催告書」や「督促状」というタ
イトルで文書を出すか、「ご連絡」、「お支払のお願い」、「ご確認のお願い」
等として文書を出すか、の違いである。

　以下の記載例は、法的に履行遅滞であることを確認する、または、直ちに
支払を請求するという内容ではなく、相手方が失念していることも想定し
て、確認を促す場合の文書である（時候の挨拶や、書面の送付と相手方による

債務の履行が行き違いになってしまった場合に備えた挨拶等も記載している)。

ご確認のお願い

　拝啓　時下ますますご清栄のこととお慶び申し上げます。

　　この度は弊社商品をご購入いただき誠にありがとうございます。

　　さて、下記代金のお支払につきまして、△月△日現在、ご入金が確認できておりません。

　　お手数をお掛けし大変恐縮ですが、ご確認いただきたくお願い申し上げます。なお、本状と行き違いでご入金いただいておりましたら失礼のほどご容赦ください。

　　ご不明な点等がございましたら、担当者宛にお問い合わせください。

商品名　　○○

代金　　　○○円（消費税込）

お支払期限　○年○月○日

担当者　　○○○○（電話○○－○○○○－○○○○）

敬具

　上記の本文内容であると、「こちらでまだ入金を確認できていない。入れ違いかもしれない」と伝えているだけであるので、先方の履行遅滞を法的に証明する文書ではない。

Ⅲ　催告書への応答例

1　互いに義務を履行していない場合（同時履行の抗弁権）

記載例および注意点について、第2章Ⅳ2を参照されたい。

2　帰責事由がない場合

(1)　記載例

回答書

前略　貴社の○年○月○日付け催告書（以下「本件催告書」といいます。）につきまして、以下のとおり回答いたします。

　本件催告書において、貴社は、貴社と当社との間の○年○月○日付け○○契約（以下「本件契約」といいます。）につき、当社が、○○の債務を履行していないことを理由として、催告書に記載された期限までに履行がない場合は本件契約を解除すると記載しておられます。

　しかしながら、○○の債務を履行していない理由は、○○によるものであり、当社に帰責事由はなく、本件契約○条の定めにより、貴社は本件契約を解除することができません。なお、今後の対応につきましては、あらためて協議させていただきたく存じます。

草々

---

(2)　記載上の注意点

　改正前民法は、債権者が債務者の債務不履行を理由に解除するためには、当該債務不履行が債務者の帰責事由によるものであることが必要であるとしていた（改正前民法543条ただし書）。

　したがって、債務者としては、当該債務不履行が自身の責めに帰すべき事由によるものではないことを反論することが考えられる。

　他方、現行民法は、改正前民法543条ただし書を削除したため、債務者に帰責事由がないことは解除を封じる反論として主張することができないこととなった。もっとも、現行民法の下でも、契約上、債務者に帰責事由がない場合に債務不履行による解除を制限する条項が定められていれば、当該条項に基づく反論をすることができる。

3　違反が軽微な場合（軽微性の抗弁）

(1)　記載例

回答書

（前半部分は前記2(1)の記載例と同じ）

　しかしながら、確かに○○の債務の履行が遅れておりますものの、当該債務は、本件契約の主たる債務ではなく、本件契約に付随して合意した事務処理上の取り決めであり、本件契約の主目的の達成にも影響を与えないものです。そのため、上記不履行は軽微なものと評価されるため、貴社が本件契約を解除することはできません（民法541条ただし書）。

　なお、○○の債務の履行につきましては、速やかに履行すべく準備を行っておりますので、もう少々お待ちください。追って、具体的な日に

ちにつきご連絡します。

草々

(2)　記載上の注意点

　改正前民法の下では、判例上、債務の不履行がその契約および取引上の社会通念に照らして軽微であるときは解除ができないとされていたが（最判昭36・11・21民集15巻10号2507頁）、現行民法ではその旨が明文化された（民法541条ただし書）。よって、債務者としては、不履行はあるもののそれが契約および取引上の社会通念に照らして軽微であると考えるときは、その旨の反論をすることが考えられる。

　もっとも、軽微であるとしても債務の不履行が生じていること自体は事実であれば、今後も良好な取引を継続するためには、回答書において、軽微性ばかりを強調するのは得策ではなく、相手方の心情にも配慮したバランスの良い内容とするよう心掛けるべきである。

4　債権者が主債務者には請求していない場合（催告の抗弁・保証債務）

(1)　記載例

回答書

前略　貴社の○年○月○日付け催告書につきまして、以下のとおり回答いたします。

　貴社は、貴社と○○株式会社との間の○年○月○日付け○○契約（以

下「本件契約」といいます。）につき、○○株式会社が代金支払債務を期限までに履行していないとして、保証人である当社に対して、履行を求めておられます。

　しかしながら、当該債務の履行につきましては、まずは主債務者である○○株式会社に対して請求していただきますよう通知いたします。

草々

(2)　記載上の注意点

　保証人は、債権者から保証債務の履行を請求された場合、まず主債務者に履行請求すべき旨を請求することができる（催告の抗弁、民法452条）。

　保証人が催告の抗弁権を行使した場合、債権者が主債務者への催告を怠ったため主債務者から全額の弁済を得られなかったときは、保証人は、債権者が直ちに催告すれば弁済を得ることができた限度において、その義務を免れる（民法455条）。

　もっとも、主債務者が破産手続開始決定を受けたときや、行方が知れないときは、催告の抗弁権は主張できない（民法452条ただし書）。また、連帯保証人は催告の抗弁権を有しない（同法454条）。

　さらに、債権者が主債務者に一度でも催告すれば上記抗弁権は退けられることになるが、その後に、保証人が、主債務者に弁済する資力があり、かつ、執行が容易であることを証明したときは、債権者に対して、まず主債務者の財産について執行することを主張することができる（検索の抗弁、民法453条）。ここでいう「弁済する資力」とは、必ずしも債務総額でなくとも、債務総額に対して相当な額であれば良いと解される。

178

5　無権代理人の行為の追認を拒絶する場合

(1)　記載例

回答書

前略　貴社の○年○月○日付け催告書につきまして、以下のとおり回答します。

　貴社と○○氏が締結した○年○月○日付け売買契約につきまして、当社は、追認を拒絶します。

草々

---

(2)　記載上の注意点

　無権代理人による行為は、本人が期間内に確答をしないときは、追認を拒絶したものとみなされる（民法114条）ため、契約の追認を希望するのであれば、期間内に確答することが必要である。他方、追認を拒絶する場合であっても、ビジネスマナーとして、その旨の連絡をすることが望ましい場合もある。

6　制限行為能力者の行為を取り消す場合

(1)　記載例

回答書

○年○月○日

東京都○○区○町○丁目○番○号

○○株式会社

代表取締役○○　○○　殿

東京都△△区△町△丁目△番△号

○○氏法定代理人成年後見人

△△　△△

　前略　貴社の○年○月○日付け催告書につきまして、以下のとおり回答します。

　貴社と○○氏が締結した○年○月○日付け○○契約につきまして、私は、○○氏の法定代理人成年後見人として、同契約を取り消します。

草々

---

(2)　記載上の注意点

　制限行為能力者の法定代理人、保佐人または補助人が期間内に確答を発しないときの効果は〔表８〕のとおりである（民法20条２項）。なお、発信主義であることに注意が必要である。

〔表8〕　期間内に確答を発しないときの効果

	催告の相手方	期間内に確答を発しなかった場合
未成年者 成年被後見人	法定代理人	・原則追認 ・特別の方式を要する行為については取消し
被保佐人 被補助人	本人	・保佐人・補助人の追認を得た旨の通知を発しないときは取消し
	保佐人 補助人	・原則追認 ・特別の方式を要する行為については取消し

　なお、〔表8〕とは別に、制限行為能力者が行為能力者になった後に当該本人に対して催告することもある。その場合、当該本人が期間内に確答を発しなかった場合は追認したものとみなされる（民法20条1項）。

第5章　通知書

Ⅰ　基礎知識

1　通　知

　通知とは、ある事実や自分の意思を他人に知らせることを指す。法令上、この語が用いられる例は多く、その法律上の効果もさまざまであり、一様ではない。

　民法上、通知は、準法律行為とされ、直接法律効果を発生させるわけではない点で法律行為とは異なるが、法律上一定の効果が与えられることをもって、「準」法律行為と呼ばれる。

　なお、行政法上の法律用語としては、通知とは、特定の人または不特定多数の人に対し、特定の事項を知らしめる行政庁の行為であって、法律により一定の法律効果が付されている行政行為を指す。

　第2編冒頭の「はじめに」でも述べたが、実務上、「通知書」というタイトルは、ビジネス法文書において、一般的な名称として利用されている。

2　通知の種類

　民法上の通知は、意思の通知と、観念の通知に大別される。

　意思の通知とは、他人に自分の意思を示すことである。

　観念の通知とは、一定の事実を通知することである。

　しかしながら、通知書は、実務上、ほとんどの場合、両者を明確に区別することなく、または、両者の区別を気にすることなく作成されるものである。

　それぞれの代表的な例は〔表9〕のとおりである。

〔表9〕　通知の種類

種類	代表的な例
意思の通知	・無権代理人の相手方の催告（民法114条） ・時効の完成猶予のための催告（民法150条） ・弁済受領の拒否（民法413条） ・契約解除のための催告（民法541条）
観念の通知	・代理権授与の表示（民法109条） ・時効の更新のための権利の承認（民法152条） ・債権譲渡の通知・承諾（民法467条・468条）

3　通知の方法

　通知の方法としては、書面の郵送（内容証明郵便、普通郵便等）、ファクシミリでの送信、電子メールでの送信およびその他の電子的なアプリケーションによる送信等が考えられる。

　口頭または電話による通話での通知も実際には行われるが、言った言わないという争いが非常に生じやすいので、確実性を求める場合には口頭または電話による通話での通知は避けるべきである。

　重要な通知書の郵送に関しては、通知書の内容および当該通知書の到達の事実を簡易に証明できることから、配達証明付内容証明郵便が用いられることが多い。

4　通知の到達

　前述のとおり、通知は、法律上のさまざまな効果を持ち、意思表示をはじめ、相手方への到達をもって、法律上の効果が発生するものが非常に多い。したがって、相手方に対してどのような状態におかれれば、通知が到達したと言えるかが問題となる。

　最高裁判所は、「到達」の意味について、受領権限のある者にとって「了知可能の状態におかれたことを意味するものと解すべく、換言すれば意思表

示の書面がそれらの者のいわゆる勢力範囲（支配圏）内におかれることを以て足る」（最判昭36・4・20民集15巻4号774頁）と判示し、具体例として、遺留分減殺請求（当時）の意思表示として送付された内容証明郵便が留置期間の経過により差出人に還付された場合の到達の有無が争われた事案において、①不在配達通知書の記載等から本件内容証明郵便の内容が遺留分減殺の意思表示または少なくともこれを含む遺産分割協議の申入れであることを十分に推知することができたこと、②さしたる労力、困難を伴うことなく本件内容証明郵便を受領することができたことから、社会通念上、了知可能な状態に置かれ、遅くとも留置期間が満了した時点で到達が認められる（最判平10・6・11民集52巻4号1034頁）と判示している。

　すなわち、①通知書の内容について相手方が推知することができたこと、および、②通知書の受領が困難ではないことの要件を満たした場合に、発信したが実際に相手方が受け取らなかった通知書についても、到達を認めている。

II 通知書の典型例

1 意思の通知

(1) 契約解除のための催告を内容に含む通知書の記載例

通知書

　賃貸人は、賃借人に対し以下のとおり通知します。

　賃貸人は、賃借人に対し、下記「契約の表示」欄記載の契約（以下「本契約」という。）により同欄記載の貸室（以下「本物件」という。）を賃貸していますが、本日現在、賃借人は、下記「滞納債務額の表示」欄記載の金額を滞納しています。

　そのため、賃貸人は賃借人に対し、本書到達後7日以内に滞納債務額の全額を下記「振込先口座の表示」欄記載の口座に振込みにて支払うよう催告します。

　万一上記期間内に支払無き場合、賃貸人は何らの通知・催告なく本契約を解除するとともに、直ちに本物件の明渡を受ける手続に入ります。

記

契約の表示

　契約の種類　賃貸借契約

　契約締結日　○年○月○日

貸室所在地　○○県○○市○○町○丁目○番○号

　貸室名称及び住戸番号　○○　○号室

滞納債務額の表示

　金000,000円

（ただし、本契約に係る○年○月分〜○年○月分の賃料等）

振込先口座の表示

　　○○銀行○○支店　　○○預金

　　口座番号0000000

　　名義人　株式会社○○

(2)　記載上の注意点

　貸室賃貸借契約において借主が賃料等の支払をしなかったときにおける支払の催促、契約解除のための催告および停止条件付きの契約解除の意思表示をするための雛型となる通知書である。

　下記で段落別に見るとおり、本通知書には通知人の意思と事実の両者が特にそれらの区別が意識されることなく記載されている。

ア　第2段落

契約解除の前提となる債務不履行に相当する事実を記載している。

イ　第3段落

　記載例のうち、「賃貸人は賃借人に対し、本書到達後7日以内に滞納債務額の全額を下記『振込先口座の表示』欄記載の口座に振込みにて支払うよう催告します。」の部分が契約解除のための催告に該当する。

ウ　第4段落

　債務が履行されないことを停止条件として解除の意思表示をするため、本書到達後相当期間内に支払をするよう記載している。相当期間については、大審院の判例から、債務を履行する準備に必要な期間ではなく、すでに準備をしていることを前提として債務を履行するのに必要な期間であると考えら

れており、本書到達後7日または10日あるいは2週間程度とする例が多く見られる。

　支払がなかった場合にあらためて解除の意思表示を行う旨の通知書を出すことは手間であることから、実務上、第4段落のように、債務が履行されないことを停止条件として解除の意思表示をしておくことが多い。

2　観念（事実）の通知

(1)　債権譲渡通知の記載例

債権譲渡通知書

　譲渡人は、下記「債権の表示」欄記載の債権を、譲受人との間の令和○年○月○日付け債権譲渡契約により、譲受人に対して譲渡いたしました。本書面により、譲渡人は、債務者に対しその旨ご通知申し上げます。

　したがいまして、今後、当該債権の弁済は、譲受人に対して行うようお願いいたします。

記

債権の表示
　○年○月○日に債務者に販売した商品○○○の売掛代金債権○○万円

---

(2)　記載上の注意点

観念の通知の代表例である債権譲渡通知書の雛型である。

　第三者対抗要件を満たすためには確定日付のある証書によって通知または承諾を行う必要があり（民法467条2項）、内容証明郵便（民法施行法5条1項

６号により確定日付のある証書となる）によって行われることが一般的である。

　譲渡対象の債権は、他の債権と区別可能なように特定される必要はあるが、現に発生していることを要しない、すなわち将来債権でも譲渡可能である（民法466条の６）。

Ⅲ 各種通知書の記載例と留意すべき事項

1 契約終了の通知書

(1) 記載例

契約終了通知書

　貴社と締結している下記物件に関する定期賃貸借契約（以下「本契約」という。）は、○年○月○日に期間満了となりますが、本通知をもって本契約が当該日に終了する旨通知いたします。

　なお、当社は、期間の満了をもって本契約が終了した後には、新たな契約締結を予定していないことも申し添えます。

記

物件

　所在地：東京都○○区○丁目○番○号

　賃貸借部分：地上○階部分　00.00㎡

契約期間

　始期：○年○月○日

　終期：○年○月○日

(2) 記載上の注意点

　継続的契約を終了させる場合に、法令上または契約上、契約終了の通知が必要となる場合がある。本通知書は、法令上契約終了の通知が必要となる定期建物賃貸借契約（借地借家法38条）の終了の通知書である。

　期間が1年以上である定期建物賃貸借契約では、建物の賃貸人が、期間の満了の1年前から6カ月前までの間に、建物の賃借人に対し期間の満了により建物の賃貸借が終了する旨の通知をしなければ、その終了を建物の賃借人に対抗することができない（借地借家法38条4項）。

　なお、記載例の第2段落については、特段の法的効果はないものの、賃借人によっては、定期建物賃貸借契約の期間の更新がなされることに期待を抱いている場合があるため、更新をしない場合には、賃借人に引越しや移転の計画を立てる猶予を与えるために、記載をしておくことが望ましい。

2　契約終了時に秘密情報の返還を請求する通知書

(1)　記載例

契約終了通知書

　当社と貴社との間で締結している○年○月○日付け取引基本契約（以下「本契約」という。）は、○年○月○日に期間満了となりますが、本通知をもって本契約が当該日に終了する旨通知いたします。

　それに伴い、当社貴社間の○年○月○日付け秘密保持契約第○条及び本契約第○条に基づき、契約終了時までに下記の当社の秘密情報を当社までご返還くださいますよう請求いたします。

記

1　○年○月○日付け　顧客一覧表（写しやデータも含む。以下同じ。）

2　○年○月○日付け　技術仕様書

3　……………………………………

4　……………………………………

○　その他本契約の履行に際し貴社に開示した一切の秘密情報

以上

⑵ 記載上の注意点

　取引基本契約では、自動更新条項（たとえば、「本契約は、契約期間満了○か月前までに、当事者のいずれからも本契約を終了させる旨の通知がない限り、さらに○年間有効とし、以下同様とする。」という条項）があるものが多い。本通知書は、自動更新条項のある契約の終了を通知する際の通知書の記載例である。

　また、取引基本契約を締結している当事者間では、取引基本契約の秘密保持条項または秘密保持契約に基づき、秘密情報を開示している場合が多いため、契約終了時の当該情報の扱いについて記載している。

　取引基本契約の秘密保持条項または秘密保持契約には、基本的に秘密情報の返還または破棄について定めた条項がある（仮に、これがないとすれば問題なので、直ちに修正を求めるべきである）ので、その条項に基づきこれまでに開示した秘密情報の返還または破棄を求めれば良い。

　しかしながら、単にこれまでに開示した秘密情報を返還せよというだけでは、通知を受けた相手方が、どれが開示を受けた秘密情報かを整理しなければならず、返還に時間がかかることや、こちらが開示したはずの秘密情報が返還されず、再度請求しなければならないことなどが考えられる。したがって、秘密情報を列挙し、もれがあっても大丈夫なように最後に包括条項（「その他本契約の履行に際し貴社に開示した一切の秘密情報」のように抽象的に表現した条項）を入れておくことが望ましい。

3　相殺通知

(1)　記載例

通知書

　当社は、貴社に対し、以下のとおり、通知いたします。

　当社の調査によると、当社は、貴社に対して、別紙明細○に記載したとおり合計○万○○円の売掛債権を有しており、いずれの債権も既に弁済期が到来しています。

　また、当社の調査によると、貴社は、当社に対して、以下のとおり、別紙明細△に記載したとおり合計○万○○円の売掛債権を有しております。

　当社は、貴社の当社に対する明細△記載の債権○万○○円につきまして、当社の貴社に対する同額の明細○記載の債権をもって相殺します。

　その上で、当社の貴社に対する債権の残額が○万○○円であり、これについては、直ちに、下記当社の銀行口座に振込みの方法により支払うことを請求します。

---

(2)　記載上の注意点

　相殺が認められるためには、自働債権と受働債権が対立して存在していること、その対立している債権が同種の目的を有すること、自働債権が弁済期にあること、債務の性質が相殺を許さないものでないことの要件（相殺適状にあること）が必要で（民法505条）、相殺は、一方的な意思表示により双方の債務を対当額において消滅させることができるもの（同法506条）である。なお、当事者間の契約において相殺条項を定め、弁済期の到来を必要とせず

に、相殺できると定めてある場合も多い。

ア　第2段落

記載例の第2段落では、自働債権の存在とその金額、および、自働債権が弁済期にあることを記載している。

イ　第3段落

記載例の第3段落では、受働債権の存在とその金額を記載している。

ウ　第4段落

記載例の第4段落では、自働債権と受働債権を対当額にて相殺する旨の意思表示を記載している。

エ　第5段落

実務上、相殺したうえで、自働債権側に残額が出る場合には、記載例の第5段落のとおり、当該残額を請求するのが通常である。

4　契約不適合の通知書

(1)　記載例

通知書

当社は、○年○月○日、○○設置工事に関する請負契約（以下「本件契約」といいます。）を、貴社との間で、当社を注文者とし、貴社を請負人として締結しました。

そして、○年○月○日に貴社より引渡しを受けましたが、引渡しから

間もなく、設置場所から漏水（以下「本件漏水」といいます。）が生じて
おります。本件漏水の様子については添付する写真・動画をご覧くださ
い。

　当社は、貴社に対し、貴社の費用負担にて、本件漏水を直ちに修補す
ることを請求します。

　また、当社は、本件漏水が原因で、階下の店舗を経営している○○株
式会社から、天井に漏水が生じているとして、苦情を受けています。い
まだ交渉中の段階ではありますが、本件漏水及びその他本件契約の不適
合が原因となり、○○株式会社又はその他の第三者に損害が生じ、当社
がこれを賠償した場合は、当社が賠償した額の全部を貴社に対して民法
第559条、第564条、第415条に基づく損害賠償として請求します。

(2)　記載上の注意点

　請負契約の担保責任については、注文者がその契約不適合を知った時から
１年以内にその旨を請負人に通知しないと、注文者は、その契約不適合を理
由として、履行の追完の請求、報酬の減額の請求、損害賠償の請求および契
約の解除をすることができなくなってしまう（民法637条）ので、注文者に
とっては、契約不適合を知った時から１年以内にその旨を請負人に通知する
ことが必要となる。なお、当事者間の契約で異なる期間や条件を定めること
もできる。

ア　第２段落

　記載例の第２段落では、契約不適合の存在およびその具体的な様子を記載
している。

イ　第3段落

記載例の第3段落では、契約不適合における追完請求権の一つとして目的物の修補（民法559条・562条1項）を請求している。

ウ　第4段落

請負契約の契約不適合の場合、当該不適合が原因となり、さらに第三者に損害が生じるということが少なくない。その際、注文者としては、第三者に損害賠償せざるを得なかった場合に備えて、前もって、請負人に損害賠償請求の意思表示をしておくとよい。

5　契約不適合通知への反論

(1)　記載例

通知書

　当社は、○年○月○日、貴社を委託者、当社を受託者とする○○（製品名）の製造委託契約（以下「本件契約」といいます。）を、貴社との間で締結しました。

　そして、同年○月○日に当社から貴社に○○を引き渡しましたが、引渡し後、半年を経過してから、貴社の取引先○○株式会社から○○の品質について色ムラがあるというクレームがきたことを理由に、貴社から当社に対し、契約不適合を理由とする返品及び給付し直しが要求されました。

　しかしながら、当社は、以下のことから、貴社の契約不適合の主張については、理由がないものと思料しますので、貴社の要求には応じるこ

とができません。

1　当社が引き渡した○○は、同年○月○日に両当事者合意の上作成された仕様書の規定内容に適合していること

2　貴社が行った受入検査において色ムラが感知されずに合格し、検収がなされていること

3　当社で○○株式会社から提出を受けた○○を分析したところ、本件の色ムラの原因は、添付調査結果報告書のとおり、上記仕様書で規定された温度○○、湿度○○の条件を満たさない形で、○○株式会社が使用したことによることが原因であること

　なお、当社は、今後製造する○○について、○○株式会社が今回と同様の条件で使用することをご希望であれば、その条件に改造した○○を製造することにつき最大限努力する用意がございますので、また、ご相談させていただければと存じます。

(2)　記載上の注意点

　商品が仕様書どおりに製造され、受入検査で異議なく検収されていれば、製造側としては、まずは、契約不適合の事実がないことを主張することになる。ただし、検収をクリアしていることが、即、契約適合を意味するものではなく、検収時には気づくことのできなかった問題が存在する可能もあるため、その点も確認する必要がある。

　なお、両当事者間の取引に下請法の適用がある場合に、下請事業者の責めに帰すべき理由がないのに、下請事業者の給付を受領した後、下請事業者にその給付に係る物を引き取らせたり（下請法4条1項4号）、下請事業者の給付の内容を変更させ、または受領後に給付をやり直させ、下請事業者の利益を不当に害した場合（同法4条2項4号）は、下請法違反となる。

　また、このような事案では、色ムラがあるというクレームをしたA社に

対して、直接説明してほしいと取引先から求められることもある。ケースによるが、取引先がＡ社に説明不足であったことが判明するなどして、取引先とＡ社の関係を壊すような場合もあるので、あくまで取引先の後方で、必要な書類等を提供するにとどめた方がよいケースもある。

　記載例では、契約不適合は否定するものの、相手方との取引継続（およびＡ社とのトラブル回避）のため、製品の改造等も提案している。

6　株式譲渡承認の通知書

株式譲渡承認に関する通知書

拝啓　ますますご清栄のこととお慶び申し上げます。
　さて、○年○月○日、貴殿から譲受人予定者○○に対する当社株式の譲渡の承認請求を受けましたが、○年○月○日開催の取締役会において、これを承認することに決定いたしましたので、通知します。

敬具

　譲渡制限株式の株主から株式会社が株式譲渡の承認を請求された場合に、承認の決定をしたことを通知する通知書である。

　株式会社において譲渡制限株式の株主から株式会社が株式譲渡の承認を請求された場合、当該会社は当該譲渡を承認するか否かを株主総会（取締役会設置会社においては取締役会）の決議により決定し、その決定内容を譲渡承認請求をした者に対し通知しなければならない（会社法139条）。

7　ビジネス上の交渉等に関する通知書

(1)　納期延期のお願い

納期延期のお願い

拝啓　貴社ますますご清栄のこととお慶び申し上げます。日頃は格別の
お引き立てを賜り、誠にありがとうございます。

　さて、貴社から○年○月○日に発注を受けました商品○○・数量○個
の納期を同年○月○日としておりましたが、当該納期に間に合わない事
態が生じましたので、取引基本契約第○条に基づき、貴社に通知申し上
げるとともに、誠に申し訳ありませんが、同年○月○日への延期をお願
い申し上げます。

　当社は商品○○の製造を中国の工場に委託しているところ、中国にお
ける伝染病の蔓延から製造がストップしてしまったことが、このような
お願いをせざるを得なくなった理由となります。

　急遽、別の製造業者に製造を依頼し、早急に納品できるよう最大限努
力しておりますが、現状、お約束できるのが○月○日の納品となりま
す。

　貴社に多大なご迷惑をお掛けしますこと、深くお詫びするとともに、
上記の事情をご賢察の上、ご高配くださいますようお願い申し上げます。

敬具

　取引基本契約が締結された会社間での個別契約に基づく取引において、納
期に間に合わない事態が生じた際に、その旨通知すると共に、納期の延期を
お願いする通知例である。

　取引基本契約では、売主または受託者側が納期に間に合わないことを認識
した場合に、買主または委託者側に対しその旨通知をすることを義務づけて
いることが多く見られる。

　したがって、その場合に、納期に間に合わないことを通知する必要があ
る。また、納期に間に合わないのであるから必然的に納期の延期をお願いす
ることになる。その後、納期延期の理由を記載し、再度、納期延期のお願い
をする。

　この納期延長の通知に対して、買主または委託者側が了承する旨の返答を
した場合、買主または委託者側から履行遅滞（債務不履行）に基づく損害賠
償が請求できるか否かは議論になるところであるが、上記のとおり、不可抗
力を理由とした納期延長の通知に対し、買主または委託者側が何らの留保も
注記もなしに了承した場合は、法的に納期が変更されただけと判断され、履
行遅滞ではなく、損害賠償が請求できないと判断される可能性が高い。

　したがって、通知を行う側としては、通知を受けた側がすんなりと了承し
やすい文面とすることを心掛け、一方、当該通知を受けた側としては、履行
遅滞（債務不履行）に基づく損害賠償を請求する可能性がある場合には、そ
の点を留保した返答を行うこととなる。

(2)　価格変更の通知書

価格変更のお願い

拝啓　貴社ますますご清栄のこととお慶び申し上げます。日頃は格別の
お引き立てを賜り、誠にありがとうございます。

　さて、当社の商品「○○」につきまして、大変心苦しく存じますが、
価格を変更（値上げ）させていただきたく、貴社にご了承を求める次第
でございます。

　理由は、近年、原材料である○○の市場価格が添付のとおり高騰を続

けており、また、為替レートが円安となるに伴い、製造費・輸送費等も円建てで従来より○%増となっていることにあります。当社におきましてはこれまでも生産コスト、流通コストの削減に最大限努力をし、価格を据え置いてまいりましたが、価格を維持することが困難な状況となっております。

　つきましては、今後もより一層の品質・サービスレベルの向上に取り組み、更なるご満足をいただけるよう誠心誠意、精励いたす所存ですので、何とぞ諸般の事情をご賢察の上、ご了承くださいますよう、謹んでお願い申し上げます。

敬具

　取引基本契約が締結された会社間での個別契約に基づく取引において、売主または受託者側が商品の価格を上げたいときに、それを了承してもらうようお願いする通知書の雛型である。

　取引基本契約では、価格の改定について、両当事者が合意のうえで改定できるとしている場合が多く見られる。

　その場合、売主または受託者側としては、買主または委託者側に、値上げを了承してもらうよう、詳細な理由を付して通知を行うことになる。

　また、両当事者間の取引に下請法の適用がある場合には、正当な値上げ要求に対する親事業者の一方的な拒否が、下請法4条1項5号で禁止されている「買いたたき」に該当するおそれがある（下請代金支払遅延等防止法に関する運用基準第4第5項(2)ウ「原材料価格や労務費等のコストが大幅に上昇したため、下請事業者が単価引上げを求めたにもかかわらず、一方的に従来どおりに単価を据え置くこと」は買いたたきに該当するおそれがある）ので、下請事業者としては値上げの詳細な理由をあげ、正当な値上げ要求であることを親事業者にアピールし、一方的な拒否が下請法違反となることを認識してもらい、値上げ合意に結び付けることが重要である。

第6章　承認・確認・拒絶の文書

I　承　認

1　基礎知識

　承認とは、私法上は一定の事実を認めることである。時効の更新事由となる権利の承認（民法152条1項）や嫡出の承認（同法776条）のように単に事実を認めるだけという点で、特定の法律効果の発生を求めるものではないため、観念の通知という準法律行為に該当する場合が多い[37]。

　また、承認と同じ一定の事実を認める観念の通知として用いられる法律上の文言として承諾がある。たとえば、債権譲渡の承諾（民法467条）、賃貸借の譲渡や転貸の承諾（同法612条）などがこれにあたる[38]。

2　承認書の典型例

(1)　権利の承認

　時効の更新事由となる「権利の承認」（民法152条）とは、消滅時効の利益を受けるもの（債務者）が消滅時効によって権利を失う者（債権者）に対して、当該権利が存在することを知っている旨を表示することである。

　承認の方法は、特別な方式は必要なく口頭でも認められるが、後の紛争において、言った言わないの水掛け論になってしまう事態に備えて、書面や電

---

[37]　相続の承認（民法第5編第4章第2節）は、意思表示に該当すると解されている。

[38]　なお、申込みに対する承諾（民法522条）は、観念の通知ではなく契約を成立させる意思表示である。

子メールなど何らかの記録に残しておくべきである。

　債権者は、自ら有する債権が時効消滅をするのを阻止するため、時効期間がある程度進行した債権につき「裁判上の請求」（民法147条１項１号）や「催告」（同法150条）等を行う必要があるが、債権管理のためだけに訴訟提起するのは経済的ではないし、催告によっても６カ月間時効の完成が猶予されるだけである。そのため、債務者が協力的である場合は、債務者からの権利の承認を得るのが最も簡単で経済的な方法となる。そこで、実務では、債権管理の一環として、債権者から債務者に対して債務承認（確認）書、債務弁済誓約書などの作成を求めることがよくある。

　　　　　　　　　　　　　　　　　　　　　　　　　○年○月○日

（※債権者名が入る）

○○株式会社

代表取締役　　○○　　○○　　様

　　　　　　　　　　　　　（※債務者名が入る）

　　　　　　　　　　　　　株式会社○○

　　　　　　　　　　　　　代表取締役　　○○　　○○

債務承認書

　当社は、貴社に対して下記の債務を負っていながら、未だ元本及び約定利息並びに遅延損害金等を返済していませんことをお詫びいたしますとともに、今後の返済条件につきまして協議していただきたく、申入れいたします。

　　　　　　　　　　　　　　　記

１　○年○月○日から○年○月○日までの買掛金債務　　○円

２　○年○月○日付け借入金債務　　○円

以上

また、権利の承認は、必ずしも明示的に行う必要はなく、客観的に債務者が権利の存在を前提とした行為をすれば黙示的な承認があったものとされる。たとえば、利息の支払、支払期限の延長や分割払の申入れなどがこれにあたり、この場合も元本債権全体の時効が更新されることになる。

そこで、支払猶予や分割払を求める債務者に対しては、時効期間を更新させる目的から、そのような申入書を差し入れさせることも有効となる。

○年○月○日

（※債権者名が入る）

○○株式会社

代表取締役　○○　○○　様

（※債務者名が入る）

株式会社○○

代表取締役○○　○○

支払猶予申入書

拝啓　時下ますますご清祥のこととお慶び申し上げます。

　さて貴社に対する○年○月○日にお支払予定の債務の件ですが、弊社大口取引先の倒産に伴い資金繰りが大変厳しい状況にあります。つきましては、支払期日を○年○月○日に延期させていただきたくお願い申し上げます。

　貴社には大変なご迷惑をお掛けしてしまいますが、弊社の事情をご斟酌頂き、何卒特別なご配慮を賜りますよう重ねてお願い申し上げます。

敬具

(2)　債権譲渡の承諾

　債権譲渡における承諾とは、譲渡された債権の債務者が債権譲渡の事実を認める旨の表示である。

　この承諾は、債権譲渡の債務者対抗要件として位置づけられ（民法467条1項）、確定日付のある証書によって行われる場合は第三者対抗要件としての効力も有する（同条2項）。

　もっとも、債権譲渡の当事者ではない債務者が、譲受人の第三者対抗要件具備のために、債権譲渡承諾書を作成し、確定日付のつく内容証明郵便で発送することまでの積極的な協力は期待できない。そのため、実務上は債権譲渡の場面における対抗要件具備は、確定日付がつく内容証明郵便による通知で行われる場合がほとんどである。

　　　　　　　　　　　　　　　　　　　　　　　　○年○月○日

（※債権者名が入る）

○○株式会社

代表取締役　　○○　　○○　　様

　　　　　　　　　　　　　（※債務者名が入る）

　　　　　　　　　　　　　株式会社○○

　　　　　　　　　　　　　代表取締役○○　　○○

債権譲渡承諾書

前略　貴社が当社に対して有しております下記債権を○年○月○日に株式会社○○○○（代表取締役○○○○、○○県○○市○○町○丁目○番○号）に譲渡したことにつきまして、本日、異議なく承諾いたしますので、本書をもって通知いたします。

　　　　　　　　　　　　　　　記

【譲渡債権の表示】
　貸付日：
　債権額：
　弁済期：
　利　息：

草々

　なお、改正前民法468条１項では、「債務者が異議をとどめないで前条の承諾をしたときは、譲渡人に対抗することができた事由であっても、これをもって譲受人に対抗することができない」と規定し、異議なき承諾に抗弁切断効を認めていた。しかし、債務者が単に債権が譲渡されたことを認識した旨を通知しただけで抗弁を対抗できなくなるという強力な効果が発生するのは、債務者に予想困難な事態を発生させるものであり不合理であるとの批判が多く、改正法により改正前民法468条１項の規定は削除された。これにより異議なき承諾による抗弁切断の制度は廃止され、抗弁の切断は債務者が自らの意思により抗弁を放棄した場合に限られることとされた。

(3)　賃借権の譲渡や転貸に対する承諾

　賃借人は、賃貸人の承諾を得なければ、その賃借権を譲渡したり、賃借物を転貸することができず（民法612条１項）、これに違反し、第三者に賃借物の使用または収益をさせたときには賃貸人は賃貸借契約の解除をすることができる（同条２項）。これは、賃貸借が賃貸人と賃借人の高度な信頼関係を前提としているため、賃貸人の意思を無視した賃借権の無断譲渡や無断転貸は許されないと考えられているためである。

　そのため、賃借権の譲渡や転貸を希望する賃借人は、賃貸人の承諾を得る必要があるが、この場合も後の紛争に備え、賃借権譲渡承諾書や転貸承諾書というような書面の形にすべきである。

　なお、賃借権の譲渡を希望する賃借人は、賃貸人に対して承諾の代価として承諾料[39]を支払うのが一般的である。承諾料の相場は、標準的なケースで借地権価格の10％とされる。

　また賃借権の譲渡や転貸を希望する賃借人が賃貸人と交渉しても承諾を得られない場合は、裁判所に対して賃貸人の承諾に代わる許可を求める借地非訟を申し立てることができる（借地借家法19条１項）。ただし、賃貸人の利益を保護するため賃借人は賃貸人に対して財産上の給付（承諾料の支払）をすべきこととされるが、このときの相場も標準的なケースで借地権価格の10％という運用がなされている（東京地方裁判所民事第22部の運用）。

　　　　　　　　　　　　　　　　　　　　　　　　○年○月○日

（※賃借人の名が入る）

被通知人　○○　　○○　　殿

　　　　　　　　　　　　（※賃貸人の名が入る）

　　　　　　　　　　　　通知人○○　　○○

　　　　　　　　　　　　通知人代理人弁護士　　○○　　○○

賃借権譲渡承諾書

前略　当職は、通知人○○氏の代理人として以下のとおりご通知申し上げます。

　貴殿からの○年○月○日付け借地権譲渡承諾を求める通知書につきまして、通知人は、借地権譲渡承諾料として金○○万円をお支払いただくことを条件に、下記土地にかかる借地権を後記譲受人に対して譲渡することを承諾いたします。

【物件の表示】

---

[39]　名義書換料と呼ばれることもある。

```
所　在：
地　番：
地　目：
地　積：


【譲受人の表示】
住　所：
氏　名：
                                                              草々
```

(4)　債務引受における承諾

　債務引受とは、債務の同一性を保ったまま、合意により債務を移転させることである。債権譲渡が債権者を変動させるものであるのに対して、債務引受は債務者を変動させるものである。

　債務引受は、当該債務の引受人と共に当初の債務者も債務を負うことになる併存的債務引受（民法470条・471条）と債務の引受人のみが当該債務を負い、当初の債務者は当該債務を負わなくなる免責的債務引受（民法472条〜472条の4）に分類される。改正前民法では明文の規定がなかったが、改正法によりそれぞれ規定されることとなった。

　債務引受の場面では、債権者、債務者、債務の引受人の三者が登場することになるが、債務引受が有効となるためには、債権者と引受人の合意または債務者と引受人との合意があれば足りる。ただし、債権者にとって債務者の変更は極めて重大な関心事であるため、債務者と引受人の合意によって債務引受を行う場合は、債権者の承諾があって初めて有効となる。

		債権者	引受人	債務者
併存的債務引受	470条2項	合意		—
	470条3項	承諾	合意	
免責的債務引受	472条2項	合意		債務者への通知
	472条3項	承諾	合意	

　なお、実務では、免責的（併存的）債務引受契約書という形で、三者で合意することが多い。

免責的債務引受契約書

　　　　　　　　　　　　　　　　　　　　○年○月○日

　株式会社○○、株式会社△△及び株式会社□□は、次のとおり免責的債務引受契約を締結する。

　第1条　△△は、△△が○○に対して、下記の金銭消費貸借契約に基づく貸金返還債務を負担していることを確認する。

記

　　　貸　付　日：

　　　貸　付　額：

　　　返済期日：

　　　利　　息：

　　　遅延損害金：

　第2条　□□は前条の債務を△△に代わって引き受け、○○はこれを承諾する。

　第3条　△△は、□□が第1条の債務を引き受けたことにより、△△の第1条の債務を免れる。

以上

(5)　契約上の地位の譲渡に対する承諾

　契約に基づく債権債務を第三者に移転することは債権譲渡および債務引受によることで可能となるが、契約の取消権や解除権等といった形成権を行使できる地位を含め第三者に移転させたいのであれば、債権譲渡や債務引受では足りず、契約上の地位を移転させる必要がある。

　契約上の地位の移転させるためには、要件として①契約上の地位の譲渡人が譲受人（第三者）との間で契約上の地位を譲渡させる旨の合意があること、②契約の相手方がその譲渡を承諾することが必要となる（民法539条の2）。②の要件が必要とされているのは、契約上の地位の移転が債務引受の側面も持つためである。

　契約上の地位が移転されると譲渡人は当該契約上の地位から離脱することとなる。なお、契約上の地位譲渡も三者間で合意されることが多い。

○年○月○日

（※契約の相手方の名が入る）

株式会社○○

代表取締役　○○　○○　様

（※譲渡人の名が入る）
○○株式会社
代表取締役　○○　○○

契約上の地位譲渡に関するお願い

前略　当社は、貴社と締結した次の契約上の地位を、○年○月○日をもって株式会社△△に譲渡しました。つきましては、かかる譲渡につき

209

まして、ご承諾いただきたくご連絡いたしました。

　よろしくお願い申し上げます。

草々

承諾書

上記譲渡を異議なく承諾いたします。

○年○月○日

（契約の相手方の名が入る）

株式会社○○

代表取締役　○○　○○

Ⅱ 確　認

1　基礎知識

　確認とは事実や権利に対する認識を明確にすることである。確認という行為自体は法律行為ではなく、後の紛争に備え、ある重要事実を証拠化するために行われることが多い。ビジネスの現場では「確認書」という形で、ある時点における当事者の認識を確定させるものとして広く利用される。

　実際、受発注内容の確認については電子メールやファクシミリで日常的に行われている。また一般消費者に対して一定の説明義務が課されている業者は、その説明が十分に履行されたことを証拠化するために説明書に対して署名等を求めるものがあるが、これも一種の確認書である。

2　確認書の典型例

(1)　賃貸借契約終了に伴う明渡確認書

　賃貸借契約が終了すると目的物について原状回復義務および返還義務が生じる。特に賃貸目的物が土地や建物の場合、物件明渡が完了して初めて敷金の返還請求が可能となるし、明渡しのタイミングが賃料や遅延損害金の算定の基礎となる。そのため、実務では明渡しの完了は明渡確認書という形で書面により取り交わされるのが一般的である。

〇年〇月〇日

（※賃貸人の名が入る）

有限会社〇〇

代表取締役　○○　○○　様

（※賃借人の名が入る）

○○株式会社

代表取締役○○　　○○

明渡確認書

前略　当社が、貴社に賃貸した下記物件（以下「本物件」といいます。）につきましては、本日、原状回復の上、お貸しした鍵すべての返却を受け、明渡しを受けたことを確認いたします。

　なお、敷金の精算、返還等につきましては、詳細が決定しましたら速やかに実施させていただきます。

草々

（物件の表示）

　（略）

(2)　保証債務を履行する意思の確認

　中小企業への融資にあたって、金融機関が、経営者のみならず、経営者の親族や友人といった経営者と関係の深い第三者の個人保証を求めることが広く行われていた。保証契約を締結する時点では保証債務の履行を求められるかどうかは不確定であるため、経営者から懇願された結果、リスクを十分に認識しないまま保証契約を締結してしまう者も少なくない。

　そこで、現行民法は、安易に保証人になってしまうことで生活破綻に陥いるような事態を防止するため、事業のために負担した貸金等債務を主たる債務とする保証契約または主たる債務の範囲に事業のために負担する貸金等債務が含まれる根保証契約の締結にあたっては、その締結の日前1カ月以内[40]

40　保証意思を確認した公正証書は保証契約締結に先立ち作成されなければならず、保証契約締結後に作成された場合、当該保証契約は無効となる。また公正証書を作成してか

に作成された公正証書で保証人になろうとする者が公証人に保証意思を表示しなければならないものとした（民法465条の6第1項）。

また現行民法は、保証人になろうとする者が公証人に保証意思を表示するための方式も定めており（民法465条の6第2項）、この手続的要件を欠く場合、当該保証契約を無効とする。

他方で、主債務者である会社の取締役など、主債務者である会社の経営状況等を十分に理解できる一定の立場にある以下の者については、保証人となることのリスクを認識せずに保証契約を締結するという事態は考えにくいため、例外的に公証人による保証意思の確認を不要とした（民法465条の9）。

【公証人による保証意思の確認を不要とする者】

① 　主債務者が法人である場合
・理事、取締役、執行役、これらに準じる者
・総株主の議決権の過半数を有する者、親会社の総株主の議決権の過半数を有する者など間接的に有する者、これらに準じる者
② 　主債務者が個人である場合
・主債務者と共同して事業を行う者
・主債務者が行う事業に現に従事している主債務者の配偶者

---

(3)　物品の受取証と印紙税

物品の修理・加工依頼を受けた際に交付する文書に、「預り証」、「受取書」等の名称をつけることがある。物品を受領した事実のみを確認する文書（確

ら1カ月経過しても保証契約が締結されなかった場合は、公正証書を改めて作成する必要がある。公正証書作成後、保証契約締結時までに保証意思が失われた場合は、保証契約締結までに当該公正証書を撤回する必要がある。

認書）であれば契約に成立を証する文書ではないため、印紙税の対象外となるが、記載内容から業務の委託を証する文書と判断されると第2号文書（請負に関する契約書）に該当することになる。

　国税庁のホームページでは、「百貨店等が時計、ライター等の修理、加工の依頼を受けた場合にその依頼者に交付する文書については、第2号文書（請負に関する契約書）に該当したり、しなかったりするものがあるとのこと

〔表10〕　修理品の承り票・引受票等

区分（文書の内容等）		備考
第2号文書に該当	・承り票、引受票と称するもの又は受託文言の記載のあるもの	標題、記載内容から請負契約の成立を証明するものになりますので、第2号文書に該当します。
	・修理票、引換証、預り証、受取書、整理券等と称するもので、仕事の内容（修理、加工箇所、方法等）、契約金額、期日又は期限のいずれか1以上の事項の記載があるもの （注）　出来上り予定日は、期日又は期限として取扱いません。	
非課税文書に該当	・課税されるものに該当するものであっても記載金額が1万円未満のもの （注） 　1　実際の修理・加工金額が1万円未満であっても文書に金額の記載のないものは、記載金額のないものとして課税文書になります。 　2　記載金額（契約金額）1万円未満と記載されているものは、記載金額になります。	印紙税法の規定で1万円未満のものは非課税になります（第2号文書の非課税物件欄）。
不課税文書に該当	・修理票、引換証、預り証、受取書、整理券等と称するもののうち仕事の内容（修理、加工箇所、方法等）、契約金額、期日又は期限の記載のないもの	物品受領書又は単なる整理券として不課税文書になります。
	・保証期間中の修理等無償契約である場合において、文書上その旨が明らかにされているもの	仕事の完成に対して報酬が支払われませんので、請負契約書にはなりません。

ですが、どのような取扱いになっているのでしょうか」という照会に対し、
〔表10〕のように文書の区分に応じて具体的に取扱いを紹介している[41]。

　不要な文言を記入することで生じる税務負担を避けるべく、物を受け取っ
た事実のみを確認する書面においては、「承る」、「引き受ける」といった委
託の承諾を意味する文言を使用せず、かつ、書面の中に具体的な業務内容、
金額、期限等を記載しない。なお、金銭の預り証については、課税文書中の
第17号の１文書（売上代金に係る金銭または有価証券の受取書）や、第14号文
書（金銭の寄託に関する契約書）に該当する場合があるので、ここでの議論
は、「物品」の預り証に限定される。

預り証

〇年〇月〇日

〇県〇市〇丁目〇番〇号
〇〇〇〇様　お電話番号〇〇−〇〇〇〇−〇〇〇〇

ハンドバック１点（〇〇社製〇〇タイプ）　お預かりいたしました。
お受け取りの際には、本証を必ずご持参ください。

株式会社〇〇　１Ｆ　〇〇売り場
担当　〇〇

　上記の預り証には、物品を預かったことしか記載がないため、事実の確認
に過ぎず、非課税文書となる。仮にこの文書に「持ち手付替え、１万円（税
別）　出来上り予定日　〇年〇月〇日」という記載があれば、修理のための
委託契約を証する文書として第２号文書に該当することとなる。

41　国税庁ホームページ「修理品の承り票、引受票等」参照。

Ⅲ　拒　絶

1　基礎知識

　拒絶とは、相手の要求や依頼を受け入れないことであり、法律上は意思の通知にあたる。契約の締結、追認、履行、更新といった各場面において、相手からの申込みに対して拒絶することが考えられる。

2　拒絶通知の典型例

(1)　取引拒絶

　契約自由の原則の下、取引の相手方を誰にするかという意思決定の自由があるため、契約締結を求める相手方からの申込みに対して、契約を締結するか拒絶するかは自由に決定できる。

　もっとも、各地方公共団体における暴力団排除条例では、暴力団の資金源を断つために利益供与を禁止しており、暴力団員等との取引が禁止される場合がある[42]。また独占禁止法により、取引拒絶を行うことが不当と認められる場合[43]は、不公正な取引方法として禁止される（同法19条・2条9項6号

---

[42]　利益供与とは、金品その他財産上の利益を与えることであり、たとえば、事業者が商品を販売し、相手方がそれに見合った適正な料金を支払うような場合であっても該当する。

　　ただし、条例で規制される「利益供与」は、暴力団の威力を利用することの対償として行われる場合（東京都暴力団排除条例24条1項）、および暴力団の活動を助長し、または暴力団の運営に資することとなることを知って行われる場合（同条3項）に限られる。

[43]　単独の取引拒絶においては、次の場合に公正競争阻害性を有するものとして、不公正な取引方法と判断される場合がある。

　①　取引拒絶が、独占禁止法上の違法ないし不当な目的を達成する手段として用いられ

イ、一般指定2項)。

〇年〇月〇日

〇〇　様

株式会社〇〇

(株式会社名のみ)

ご連絡

前略　先般、貴殿より当社に対して、△△△と引き換えに〇〇の購入を要求する文書が送付されましたが当社は当該要求には応じられません。

　本件についての一切の対応は、当社の顧問弁護士〇〇〇〇へ依頼しましたので、今後の連絡は同弁護士宛てへお願いいたします。

草々

---

(2)　追認拒絶

　代理権を欠いた代理行為は、無権代理行為として当該法律行為による効果は本人に帰属しないのが原則である(民法113条1項)。

　もっとも、取引の相手方は当該無権代理行為が有効に効果帰属するものと信じる場合が多く、本人も当該無権代理行為の効果を自己に帰属させたいと望む場合もある。そこで、民法は、無権代理行為について、本人の追認により無権代理行為を遡及的に効果帰属するものとし(同法113条1項)、無権代理行為の相手方に対しては催告権(同法114条)、取消権(同法115条)を認

　る場合

②　市場における有力な事業者(シェア10%以上、または、順位が3位以内)が競争者をその市場から排除する等の目的のために取引を拒絶し、競争者の事業活動を困難とするおそれがある場合

め、無権代理人に対する損害賠償請求権等（同法117条）を認めた。

　無権代理行為の相手方から相当の期間を定めた催告を受けた本人は、当該期間内に追認をするか追認を拒絶するかを確答しなければならないが、当該期間内に確答しないときは追認を拒絶したものとみなされる（民法114条）。

　　　　　　　　　　　　　　　　　　　　　　　　○年○月○日

株式会社○○　御中

　　　　　　　　　　　　　　　　　　氏　名　　○○　　○○

通知書

　私は、貴社からの○年○月○日付け内容証明郵便にて、私が所有する下記物件（以下「本件物件」といいます。）を貴社に売却することを内容とする○年○月○日付け売買契約（以下「本件売買契約」といいます。）が、貴社と私の代理人と称する○○との間で締結されたことの通知を受けました。

　しかしながら、私は、○○に対して、本件物件を貴社に売却するための代理権を授与した事実はありません。従って、○○は無権代理人であり、本件売買契約につきましては追認を拒絶いたしますので、本書をもって貴社に通知いたします。

記

【物件の表示】
　所在地：
　名　称：
　構　造：
　規　模：
　床面積：

　　　　　　　　　　　　　　　　　　　　　　　　　　　以上

---

(3) 履行拒絶

　履行拒絶とは、債務者が債権者に対して、契約に従った履行をする意思がないことを明らかにすることである。

　本来、債務者は債権者に対して契約の本旨に従った履行をしなければならず、これをしない場合は債務不履行の責任を負うことになる。ただし、双務契約の場合、先履行の合意がない限り、同時履行の抗弁権（民法533条）が存在するため、相手方に債務不履行があったとしても履行の提供（原則として現実の提供[44]が必要となる）を行ったうえで、同時履行の抗弁権を排除しなければ債務不履行責任を追及することはできない。

　もっとも、双務契約である売買契約において、買主が売買代金の支払拒絶をするなど、契約の相手方が履行拒絶した場合、当該買主は反対給付である目的物の受領を拒絶する意思を明らかにしたものと考えられるため、売主は現実の提供より一段階レベルの低い口頭の提供[45]だけで買主の同時履行の抗弁権を奪うことが可能となり、債務不履行責任を追及することができることになる[46]。

---

[44] 現実の提供とは、履行の提供方法の一つであり、債権者が受領さえすれば履行が完了する程度まで現実に給付行為を行ったうえで、債権者に受領を求めることである。

[45] 口頭の提供とは、履行の提供方法の一つであり、債務者が履行の準備を行ったことを債権者に通知し、受領を催告することである。履行の提供は、現実の提供まで行うことが原則であるが、債権者があらかじめ受領を拒んでいたり、債務の履行について債権者の行為が必要な場合は、口頭の提供のみで履行の提供があったと認められる。

[46] 債権者の受領を拒否する態度が特に強い場合は、口頭の提供すら不要となる場合がある（ただし、この場合も履行の準備は必要（最判昭44・5・1民集23巻6号935頁））。ただし、何をもって債権者が受領を拒否する態度が強いといえるかは必ずしも明確ではないため、実務上は口頭の提供をしておくことが無難である。

(4)　更新拒絶

ア　継続的契約における更新拒絶

　ある商品を継続的に供給することを内容とする商品供給契約やフランチャイズ契約、販売代理店契約など、契約当事者が一定程度の期間、継続して同種の取引をすることを予定しているもの継続的契約というが、このような契約の場合、自動更新条項が設けられている場合が多い。

　自動更新条項は、継続的契約において再契約の手続を簡略化して契約の更新手続の負担やコストを軽減するための条項である。自動更新条項は、文字どおり契約期間が満了しても自動更新とすることとし、契約期間が満了する日の一定期間前までに当事者から更新拒絶の申出があった場合に契約を終了させる扱いにするのが一般的である。

　そのため、都合により継続的契約を終了させる場合には、自動更新がされないように更新拒絶の申出期間に注意をして更新拒絶の意思表示を行う必要がある。

通知書

前略　貴社と当社との間で締結した○年○月○日付け商品供給契約につきましては、○年○月○日の契約期間の満了をもって更新することなく、終了させていただきたく、本書をもって通知いたします。

　今後の貴社のますますのご発展をお祈り申し上げます。

草々

　もっとも、継続的契約における契約当事者は、取引の継続性を前提として

事業を行っており、取引を継続していく中で信頼関係を醸成していく。特に自動更新が繰り返されていた場合などは、将来にわたって同様の取引関係が維持されるものと期待し、設備投資などを行うことが少なくない。そのため、仮に自動更新条項に定められた申出期間内の更新拒絶であったとしても、その契約終了が死活問題となってしまうこともある[47]。

そこで、多くの裁判例において、自動更新が長年にわたって繰り返された契約については、更新拒絶の申出期間内の更新拒絶であったとしても、その行使が制限され「やむを得ない事由」[48]がなければ、更新拒絶の意思表示が認められないと判断されることがある（札幌高決昭62・9・30判時1258号76頁）。

イ　借地借家法が適用される賃貸借契約における更新拒絶

借地借家法が適用される賃貸借契約は、賃借人保護の観点から期間の満了により終了するわけではなく、原則として更新されるものとして扱われる（同法5条1項・26条1項）。

そのため、賃貸借契約の終了を望む賃貸人は、借地借家法上の更新拒絶[49]をしなければならない。

47　契約書において中途解約権を認めた場合の約定解約の行使、期間の定めを設けない場合の解約申入れについても同様の問題がある。

48　「やむを得ない事由」の判断は、契約の性質や契約終了の経緯、予告期間の付与の有無、交渉経緯等を考慮し、個別的に判断される。

49　土地賃貸借契約の場合、賃借人が契約更新の請求をしたとき賃貸人は遅滞なく異議を述べる必要がある（借地借家法5条1項）。また土地賃貸借契約が期間満了した後、建物の賃借人が土地の使用を継続していた場合も賃貸人は異議を述べる必要がある（同条2項）。なお、建物賃貸借契約の場合、賃貸人が期間満了の1年前から6カ月前までの間に賃借人に対して、更新しない旨の通知をする必要がある（同法26条1項）。また、かかる通知をした場合であっても、期間満了後も賃借人が建物の使用を継続する場合は遅滞なく異議を述べる必要がある（同条2項）。

○年○月○日

被通知人　○○　○○　殿

通知人　○○　○○

通知書

　前略　通知人は、貴殿に対して、下記物件にかかる下記内容の賃貸借契約を締結しておりますが、かかる賃貸借契約は、○年○月○日をもって期間満了により終了することをご連絡いたします。

　下記物件は、老朽化が著しく、有効利用を図るためには改築が必要な状態にあります。つきましては、貴殿との賃貸借契約は更新しないものとし、上記期間満了後、速やかに下記物件を明け渡すようお願いいたします。

【物件の表示】

　所　　在：

　家屋番号：

　種　　類：

　構　　造：

　床　面　積：

【賃貸借契約の内容】

　期　　間：○年○月○日から20年間

　賃　　料：月額○円

　支払時期：毎月末日までに翌月分を賃貸人の住所に持参して支払う

草々

　さらに、借地借家法は、賃貸人が更新拒絶を行うには賃貸人が賃借人に当該土地や建物から立ち退きを求めることについての「正当事由」を要求して

いる（借地借家法6条・28条）。

　「正当事由」の有無の判断にあたっては、まず①賃貸人が土地・建物の使用を必要とする事情と、②賃借人が土地・建物の使用を必要とする事情を比較し、相対的に必要性が高いのはどちらかを判断する。そのうえで、補充的な要素として、③従前の経過、④土地・建物の利用状況、⑤立退料の支払を考慮し、賃借人に明渡しを認めるのが相当かどうかが判断される。

【主な考慮要素】

①　賃貸人が土地・建物の使用を必要とする事情
②　賃借人が土地・建物の使用を必要とする事情

【補充的な考慮要素】

③　従前の経過
④　土地・建物の利用状況
⑤　立退料の支払の有無・額

---

(5)　協議続行拒絶

　改正前民法では、当事者が紛争を解決するために協議し、円満解決を目指している間も時効期間は進行するため、時効が完成間近になると時効の進行を止めるためにやむを得ず訴訟等の提起をせざるを得なかった。そこで、現行民法では、当事者間において権利についての協議を行う旨の合意が書面または電磁的記録によりなされた場合は、時効の完成が猶予されるものとした（民法151条）。

　協議する旨の合意は書面または電磁的記録によってなされる必要があるが、これは事後的に時効の完成猶予がなされたか否かについて紛争が発生す

る事態を避ける趣旨である。書面または電磁的記録には必ずしも当事者の署名押印は必要とされず、当事者双方が協議をすることについての意思が表れているのであれば、電子メールでの協議の申入れおよびその承諾でも、合意として認められる。

　協議する旨の合意によって猶予される期間は、以下のいずれかが経過するまでの間とされている。

① 　合意時から1年経過時まで（民法151条1項1号）

② 　合意によって1年未満の協議期間を定めたときは当該期間の経過時まで（同項2号）

③ 　前記①②で合意した協議期間中であっても、当事者の一方から協議の続行を拒絶する旨の通知が書面でなされたときは、当該通知の時から6カ月経過時まで（同項3号）

なお、協議する旨の合意により時効の完成が猶予されている間に、あらためて協議の合意をすることにより、再度時効の完成を猶予することができるが、その効力は時効の完成が猶予されなかったとすれば時効が完成すべき時から5年を超えることはできないとされている（民法151条2項）。

通知書

前略　当社は、貴社からの○年○月○日の○○を原因とする損害賠償請求について、貴社からの申入れを受け、○年○月○日から和解による解決を図るべく協議を行ってきました。

　しかしながら、本件に対する事実の認識について、当事者双方に大きな離齬があり、当社としてはこれ以上の協議は困難と判断したため、本書をもって協議の続行を打ち切らせていただきます。

　何卒よろしくお願いいたします。

草々

第7章　社内向け文書

　本章では、社内向け文書の中でも、法的な問題が生じやすい「懲戒処分に関する文書」、「希望退職者の募集文書」、および近年その重要性が高まっている「従業員によるSNSの取扱いに関する文書」について検討する。

1　懲戒処分に関する文書

(1)　懲戒処分の公表文書

ア　就業規則の定め

　就業規則において、「懲戒処分を受けた者の氏名、懲戒処分の対象となった行為及び処分内容を社内に公表する」、「原則として懲戒処分は再発防止の観点から社内で公示する」といった記載がなされている場合がある。

　懲戒処分は企業秩序維持のための秩序罰であることから、再発防止のために処分を公表すること自体は直ちに問題になるものではないが、公表の仕方によっては、名誉毀損の成否が問題となる。

イ　裁判例

　懲戒処分の有効性等が争われた裁判の中で、従業員（原告）から、懲戒休職6カ月とする旨の処分が記載された書面を社内掲示板に掲示した行為は、対象従業員に対する名誉毀損にあたるとして会社側（被告）に慰謝料の支払と謝罪広告の掲載が請求された事案がある（東京地判平19・4・27労働経済判例速報1979号3頁。なお、懲戒処分の有効性が認められ、慰謝料・謝罪広告いずれも請求棄却された）。

　この事案で、裁判所は、①「被告は、本件掲示につき就業規則58条に基づ

くものと主張するところ、同条は懲戒処分について、『原則としてこれを公示する』と定めており、本件掲示は同規定に基づくものと解される」として、まず、懲戒処分が就業規則に基づくものであることを認定した。次に②「懲戒処分は、不都合な行為があった場合にこれを戒め、再発なきを期すものであることを考えると、そのような処分が行われたことを広く社内に知らしめ、注意を喚起することは、著しく不相当な方法によるのでない限り何ら不当なものとはいえないと解される」として、社内への注意喚起目的で懲戒処分を公示することは、著しく不相当な方法によるのでない限り何ら不当なものとはいえないと認定した。そして、③「本件掲示は、被告の社内に設置された掲示板に、原告に交付された『懲戒』と題する通知書と同一の文書を張り出す形で行われ、掲示の期間は発令の当日のみであったことが認められ」たとして、掲示の場所や方法、掲示の内容、掲示の期間等から、不相当か否かを判断した。

ウ　社内処分の公表時の注意点

前記イの裁判例から、社内処分の文書の公表にあたって注意すべき点として、以下の3点があげられる。

① 　就業規則に処分の公表に関する定めが設けてあるかどうか

② 　就業規則に基づく公表措置であったとしても、公表目的が再発防止のための社内向け注意喚起であるかどうか（個人への制裁のための公表ではないこと）

③ 　公表の方法は①の目的に照らして相当かどうか。その判断は、公表内容、公表手段、公表の期間などの具体的事実から判断される

　さらに、④名前その他個人が特定される要素をなるべく記載しない、⑤社内イントラネットなど第三者の目に触れない方法を選択するなども検討対象となる。なお、セクシュアルハラスメントやパワーハラスメントなどの場合、⑥被害者への配慮も必要となる（被害者側が公表を好まない場合がある）。

エ　懲戒処分の社内イントラネットへの掲載例

社内限定情報

告示書

　本年1〜3月において、以下の懲戒処分事例がありましたので、コンプライアンスに係る注意喚起のために告示します。なお、この情報は社内限定で開示するものであり、就業規則○条に基づき、当社の秘密情報としての取扱いとなるものです。

1　【就業場所】　本社　部門：○○本部
　　【懲戒事由】　取引先からの発注書を偽造し、○年から○年まで少なくとも○○円を不当に領得していた。
　　【根拠規定】　就業規則第○条第○項第○号、第○○号
　　【処分内容】　懲戒解雇処分

2　【就業場所】　西日本地区　工場
　　【懲戒事由】　○○制度を通じて職場におけるのパワーハラスメントを申し出た者2名に対して、適切な措置をとらず、相談を放置した。
　　【根拠規定】　就業規則第○条第○項第○号、第○○号
　　【処分内容】　戒告

以上

(2)　懲戒処分対象者への通知書

ア　懲戒処分通知の留意点

　懲戒対象者本人あての処分通知は、社内文書の中でも特に法的要件への注意が必要となる。懲戒処分は制裁罰であることから、刑事事件における罪刑法定主義に類して考えられており、その有効性について厳格に判断される。具体的には、①懲戒処分の根拠規定が存在すること、②問題となった行為が懲戒事由に該当すること、③懲戒処分が相当であること（手続の相当性を含む）を満たす必要がある。

　このうち②の事実認定は、事案によっては弁護士の判断も仰ぎながら慎重に行うべきである。「懲戒解雇に相当する事由が存在しないにもかかわらず、懲戒解雇がありうることを告げることは、労働者を畏怖させるに足りる違法な害悪の告知であるから、このような害悪の告知の結果なされた退職の意思表示は、強迫によるものとして、取消しうるものと解される」と判示した裁判例もある（東京地判平14・4・9労判829号56頁）。

　また、②の事実が存在しても、③について不十分であったため懲戒解雇が認められないケースもある。所定の手続を踏むことはもちろん、その記録を残すことも肝要である。

イ　記載例

(ア)　弁明の機会を与える通知書

　懲戒対象者に弁明の機会を付与することは、前記アの留意点③の手続の相当性に関する事項である。弁明の機会を付与しなかった場合、懲戒権の濫用とされるのが通常である。仮に就業規則や労働契約上に弁明の機会についての定めがなくとも、対象労働者には弁明の機会を付与すべきと解されている。

228

弁明の機会の際には、対象労働者に対して懲戒事由となった行為を示し、防御を尽くさせなければならない。この点については、弁明の機会を与える旨を通知書にて知らせ、その際に懲戒事由となる事実を列挙する方法や、対象労働者からのヒアリング内容をメモとして残し、対象労働者に内容を確認させる方法がある。

通知書

○○部○○課

○○　○○　様

人事・総務部

総務部長　○○　○○

　○年○月○日〜○日に行った貴殿へのヒアリング内容及びその他の社内調査の結果も踏まえ、当社は、貴殿の下記１乃至３の行為は、当社従業員服務規程第16条第２号及び第３号に該当すると判断しています。

　当該違反行為を理由に、当社は貴殿に対する懲戒処分（従業員服務規程○条に基づく懲戒免職）を検討しておりますが、当該処分に先立ち、貴殿に弁明の機会を付与いたします。

　貴殿において、下記の各違反行為につき弁明がある場合は、○年○月○日までに、下記担当者宛てに書面にて弁明内容をお送りください。なお、面談による弁明をご希望の場合は、別紙に候補日・時間を記載しましたので、ご都合のよい日時をお選びいただき、○○宛てに、○日までにご回答ください。

記

1　○○○○○○

2　○○○○○○

3　○○○○○○

【本件担当者連絡先】
　　総務部　○○
　　電話、メールアドレス

(イ)　懲戒処分通知

　懲戒処分通知には、前記アの留意すべき３点のうち、①の懲戒処分の根拠規定と②の懲戒事由に該当する行為の２点を記載したうえで、懲戒処分内容を記載するのが一般的である。労働協約に従って組合を協議したことや、就業規則を規定された手続を履践したことを添える場合もある。

懲戒処分通知

○年○月○日

○○部○○課
○○　　○○様

株式会社○○
代表取締役　　○○　　○○

　就業規則第○条に基づく懲戒委員会での慎重な審議の結果、貴殿を、○年○月○日付けで下記の処分とすることが決定しましたので、通知します。

記

【懲戒事由】　取引先からの発注書を偽造し、○年から○年まで少なくとも○○円を不当に領得していた。
【根拠規定】　就業規則第○条第○項第○号、第○号
【処分内容】　懲戒解雇処分

以上

2 希望退職者の募集文書

(1) 希望退職者の募集

企業が社員に対して希望退職を募る場合、社員向けに「希望退職の募集について」といった文書を示して実施することが多い。当該文書には通常、以下のような事項が記載される。

① 希望退職者募集の理由
② 制度の概要
　・対象者
　・募集人数
　・募集期間
　・応募手続
　・退職日
　・優遇措置をとる場合その内容（割増退職金やセカンドキャリア支援金の支給、再就職支援などの措置の具体的内容、支給日等）

(2) 法的留意点

希望退職の募集文書に関する法的留意点として、まず、以下の2点を押さえておく必要がある。

① 従業員からの応募は申込みの意思表示か、それとも企業側からの申込みに対する従業員の承諾か
② 従業員からの応募は申込みであるとしても、会社側が承諾の条件を「会社の認める者」とのみ記載することは許容されるか

この2点は、従業員が希望退職に募集したものの、企業側から希望退職と

して取り扱われなかった場合に、退職加算金の支給が受けられるか否かといった紛争の際に問題となり得る（東京地判平14・10・29労判839号17頁など）。

ア　応募の法的性質

従業員からの応募の法的性質については、会社側の募集は、申込みの誘因であり、従業員がそれに応じて申込みをし、会社側が承諾することによって、労働契約の合意解約が成立すると解釈するのが通常である。

イ　条件付承諾の可否

会社側が募集範囲を限定したり、個別の事情により承諾を拒否したりすることについては、希望退職が合意によって成立する以上、否定されるものではないが、恣意的な運用は許容されるべきではないとされている（前掲東京地判平14・4・9）。

「第1に『会社の認める者』といった、無限定で会社による一方的な判断の可能な事由ではなく、各社員につき適用の有無が判明するような明確で具体的な承諾条件で、かつ、それが確たる根拠に裏付けされたものであることを要し、第2に会社は募集に際し、社員の決断の時機を逸することなく、これを明示すべきであり、少なくとも各社員がそれを明確に認識できるよう周知する手段を講じる必要がある」とした裁判例もある（前掲東京地判平14・10・29）。

(3)　作成時の留意点

以上を踏まえて、希望退職の募集文書作成にあたっての注意点を各項目別に記載する。

ア　希望退職者募集の理由

各社の事情に応じた募集理由を記載する。ただし募集理由と具体的な制度内容との整合性には留意する。たとえば、「国内事業所を閉鎖し、グローバ

ル展開を強化する必要性がある。」と記載しながら、グローバル展開の推進業務を実施している部門も希望退職者募集の適用対象とする場合などは、制度理由について追加で説明を加える必要がないかどうかを検討することとなる。

イ　制度の内容

応募側に申込みを誘因するものであるから、応募の判断ができるよう明確かつ具体的に記載する。

㈠　対象者

勤続年数、年齢、役職、対象となる部署等明確で客観的な条件とすることが望ましい。前記アの制度実施理由との整合性にも留意する（以下の㈡以降の項目についても同じ）。

㈡　募集人数

募集人数を超えた場合の取扱いも記載する。

㈢　募集期間

従業員にある程度検討する時間を与える方が望ましいが、事案による。

㈣　応募手続

事務的な手続（所属部長あてに所定の書式で）や応募行為の法的位置づけ（従業員の応募は申込みに該当し、企業側が承諾して初めて効力が生じる）、企業側が承諾を与える具体的方法や時期を記載する。

㈤　退職日

企業側で指定する。

　㋕　**優遇措置をとる場合の内容**

　従業員側は、優遇措置を理由に応募する者が大半であるため、優遇措置については具体的に記載する（退職金の加算金の額や計算方法等）。

3　従業員の SNS の取扱いに関する文書

⑴　企業と従業員の SNS

　従業員の SNS（ソーシャル・ネットワーキング・サービス）の使用について、過去には社員のプライベート領域として捉える傾向もあった。

　しかし、この10年ほどの間[50]で従業員が有名人の来店情報（レストランや物販店の他、銀行の店舗等）をツイッターにより拡散させた事件や、商品や什器を不適切に使用したいわゆるバイトテロ問題や、また、匿名で SNS を利用している従業員が第三者をネット上で誹謗中傷していたところ、過去の投稿等から当該従業員の本名や所属企業が突き止められ、企業が第三者から非難をあびるといったケースも生じ、今や、労務管理および企業のリスク管理として対応せざるを得ない状況になっている。

　実際に、多くの企業が、就業規則に「ソーシャルメディアに関する遵守事項」を定めたり、それとは別に、企業または企業グループとしての「ソーシャルメディアポリシー」や「ソーシャルメディアコード」を設定したりするなどの対策をとっている。

　また、ソーシャルメディアポリシーやソーシャルメディアコードについては、リスク管理というより、むしろ企業または企業グループとしての SNSとの付き合い方を積極的に外部に開示するといった方向性もみられる。

50　日本でツイッターのサービスが開始されたのは2008年である。

(2)　従業員向け文書のポイント

　SNS の取扱いに関する従業員向け文書（就業規則上の規定）を検討するにあたっては、「企業自身及びその事業に関する事項に関して必要限度で規制対象とし、従業員の私人としての SNS 活動（表現の自由）をむやみに規制するものではない」という前提に立ち、遵守事項・禁止事項を具体的に記載することが必要となる。

　そのためには、「業務と私生活の切り替え」、「私生活上の利用であっても業務に関連しうる場合の発信等の制限」といった観点から、遵守されるべき事項を記載することになる。

【業務上の利用と私生活の利用を分けるための遵守事項】

● 業務時間中の SNS の禁止

● 業務上用いるパソコンや携帯電話その他電子機器を用いての SNS の禁止

● SNS に会社のロゴマークや商品等の写真を掲載することの禁止

【会社および事業に関する情報漏洩その他企業防衛のための遵守事項】

● 会社名、商品名、業績、人事評価、給与水準、業務の具体的内容等の書込み禁止

● 取引先名、顧客名およびそれらに関する業務で知り得た情報情報の書込み禁止

● 会社、商品、取引先、顧客を誹謗・中傷するような書込み禁止

● 会社やその事業に関する事項を SNS で発信したり、また、第三者からの会社やその事業に係る事柄についての質問・指摘に対して SNS で回答することの禁止

> 【トラブルの早期発見・早期対応のための遵守事項】
>
> ● SNS 利用に関連して、会社や業務に影響しうるトラブルが発生したときの報告義務

(3)　記載例

従業員の皆様へ

　ソーシャル・ネットワーキング・サービス（以下「SNS」といいます。）の利用にあたっては、情報が一瞬にして全世界に広がるという特性上、あなたの発信が時として当社や関係者らに多大な損害をもたらしかねないことを認識の上、十分注意して行ってください。

　発信前に一度手を止めて読み直す、急いで送らない、といった対応で、大きなトラブルを回避できることもあります。

　以下の内容は当社の就業規則第○条「ソーシャル・ネットワーキング・サービス使用に関する遵守事項」にも定められている内容です。あなたがよく読み、理解し、遵守することで、当社や関係者らの情報の保護がはかられ、また、当社のブランドイメージも守られます。

【遵守事項】

1　業務時間中の SNS 使用の禁止

　業務時間中は業務に専念し、SNS の私的な使用は控えてください。

2　会社の貸与機器を用いた SNS 使用の禁止

　あなたが業務上利用するパソコンや携帯電話などの電子機器は、当社が業務用にあなたに貸与する当社の財産です。当該機器を用いて SNS

を使用することはできません。

3　会社のロゴ・商品・サービス画像等の掲載禁止

あなたの SNS 上に、当社のロゴマークや商品・サービスの画像など
を掲載することは禁じられています。あなたの私的な SNS が、会社の
業務として行われているものと第三者が誤解するような事項は一切避け
なければなりません。

4　会社の業務に関連する情報発信の禁止

あなたはあなたが SNS を利用するにあたって、いかなる時でも以下
の事項が禁止されていることを認識しなければなりません。以下の事項
は、個々人の SNS で発信することが許される内容ではありません。以
下の禁止事項が守られなければ、当社や取引先、顧客の情報漏洩につな
がります。関係する個人の情報も守られなくなります。また、当社自身
の SNS 発信に関しては専任の担当者がいることも忘れないでください。

① 会社名、商品名、業績、人事評価、給与水準、業務の具体的内容
　等の書込み禁止
② 取引先名、顧客名及びそれらに関する業務で知り得た情報情報の
　書込み禁止
③ 会社、商品、取引先、顧客を誹謗・中傷するような書込み禁止
④ 会社やその事業に関する事項の発信や、第三者からの会社やその
　事業に係る事柄についての質問・指摘に対して回答することの禁止

SNS において、当社や取引先、顧客先及び関連する個人に影響を与
えるような問題、トラブルが生じていることを見かけた場合、当社の○
○部門担当者（連絡先：○○○○）へ報告するようお願いいたします。

以上

事項索引

執筆者紹介

《編著者》

花野　信子

〔所　属　等〕　弁護士（第一東京弁護士会）

〔略　　　歴〕　神戸大学法学部卒業、元株式会社野村総合研究所研究員、2000年弁護士登録。

　　　　　　　上場会社社外監査役、一般社団法人監事、審議会・審査会委員等（いずれも執筆時点現職）。

〔主な著作〕　『ビジネス契約書の基本知識と実務〔第2版〕』（民事法研究会、2012年）

　　　　　　　『調べる・読む・使いこなす！企業法務のための判例活用マニュアル』（編著）（中央経済社、2015年）

〔事　務　所〕　光和総合法律事務所

《執筆者》

花野　信子（第1編（第1章6を除く）、第2編第7章）

〔事　務　所〕　光和総合法律事務所

鈴木　智也（第2編はじめに・第1章・第2章）

〔所　属　等〕　弁護士（第一東京弁護士会）

〔略　　　歴〕　学習院大学法学部卒業、2007年弁護士登録。2013年公益財団法人日本相撲連盟評議員、2016年上場会社社外取締役（いずれも執筆時点現職）。

〔事　務　所〕　光和総合法律事務所

神田　泰行（第2編第5章）

〔所　属　等〕　弁護士（第一東京弁護士会）

〔略　　　歴〕　東京大学法学部卒業、2006年明治大学法科大学院卒業、2007年弁護士登録。

〔事　務　所〕　光和総合法律事務所

坂下　大貴（第2編第4章）

〔所　属　等〕　弁護士（第一東京弁護士会）

〔略　　　歴〕　熊本大学法学部卒業、2009年早稲田大学法科大学院卒業、2010年弁護
士登録。2019年から経済産業省経済産業政策局産業創造課新規事業創
造推進室の法務専門官（非常勤）。

〔事　務　所〕　光和総合法律事務所

橋本　祥（第2編第6章）

〔所　属　等〕　弁護士（第一東京弁護士会）

〔略　　　歴〕　中央大学法学部卒業、2008年明治大学法科大学院卒業、2010年弁護士
登録。

〔事　務　所〕　光和総合法律事務所

佐藤　敬太（第2編第3章）

〔所　属　等〕　弁護士（第一東京弁護士会）

〔略　　　歴〕　中央大学法学部卒業、予備試験合格、2014年東京大学法科大学院中退
（司法試験合格による）、2016年弁護士登録。

〔事　務　所〕　光和総合法律事務所

櫻井　駿（第1編第1章6）

〔所　属　等〕　弁護士（第一東京弁護士会）

〔略　　　歴〕　中央大学法学部卒業、2017年中央大学法科大学院卒業、2018年弁護士
登録。

〔事　務　所〕　光和総合法律事務所

水村　優太（第1編第1章5(3)ほか）

〔所　属　等〕　弁護士（第一東京弁護士会）

〔略　　　歴〕　中央大学法学部卒業、2017年中央大学法科大学院卒業、2018年弁護士
登録。

〔事　務　所〕　光和総合法律事務所

ビジネス法文書の基礎知識と実務

2021 年 5 月 25 日　第 1 刷発行

　　　　　　　　　　　　　　　　　　　定価　本体 2,500 円＋税

編 著 者　　花野　信子
発　行　　株式会社　民事法研究会
印　刷　　藤原印刷株式会社

発 行 所　　株式会社　民事法研究会
　　　　　　〒150-0013　東京都渋谷区恵比寿 3-7-16
　　　　　　〔営業〕　TEL 03(5798)7257　FAX 03(5798)7258
　　　　　　〔編集〕　TEL 03(5798)7277　FAX 03(5798)7278
　　　　　　http://www.minjiho.com/　　info@minjiho.com

落丁・乱丁はおとりかえします。　　　ISBN978-4-86556-428-0 C2032　　￥2500E
カバーデザイン：関野美香

スピードが要求される事後対応、重要性を増す事前対策を詳解！

個人情報漏洩対策の法律と実務
─漏洩時の対応から事前対策まで─

TMI総合法律事務所・
デロイト トーマツ ファイナンシャルアドバイザリー合同会社　編

A5判・350頁・定価 4,070 円（本体 3,700 円＋税 10％）

▶個人情報漏洩により負う法的責任から、法令・ガイドラインに基づく対応、さらに漏洩原因別の事例での具体的アクション例で対応の実際をわかりやすく解説！

▶令和2年6月成立の改正個人情報保護法での留意点（報告義務等）も解説！

▶漏洩事案の調査に必要なデジタルフォレンジックの活用方法を章を設けて事例で詳説！

▶巻末・裁判例では、判例集未登載のものも含め、指針になる重要判例を紹介！

本書の主要内容

第1章　個人情報漏洩時の対策
1　はじめに
2　近時の傾向
3　有事における効果的な対応(事後対策のスピード感)
4　事前対応の重要性(この本を使った教育も含む)
5　本書の使い方(章の説明)

第2章　個人情報漏洩に関する法的責任
1　個人情報の漏洩とは
2　漏洩元の責任
3　漏洩者の責任
4　委託関係

第3章　個人情報保護法および番号法に関するガイドライン等に基づく漏洩対応
1　個人情報取扱事業者に求められる対応
2　特定の分野の個人情報取扱事業者に求められる対応
3　特定個人情報の漏洩時に求められる対応

第4章　個人情報漏洩時の具体的アクション
1　総　論
2　マルウェアに感染したことによる漏洩
3　パソコン等の情報端末または個人情報が記録されている書類・外部記憶媒体等の盗難・紛失による漏洩
4　従業員等内部の者による故意の持ち出し・犯罪行為による漏洩
5　従業員等の誤操作による漏洩

第5章　個人情報漏洩に備えた事前対策
1　漏洩時の対応手順の整備(内部規定・マニュアルの整備)
2　法律事務所・フォレンジック事業者等との連携・対応体制
3　従業員教育
4　個人情報漏洩保険の加入
5　システムの導入
6　BYOD制度導入の際の留意点
7　安全管理措置

第6章　個人情報漏洩とデジタルフォレンジック
1　近年の不正調査の傾向と個人情報漏洩
2　デジタルフォレンジック
3　個人情報漏洩の抑止とデジタルフォレンジック
4　個人情報漏洩時の対応とデジタルフォレンジック

裁判例（19件）

発行　民事法研究会

〒150-0013　東京都渋谷区恵比寿 3-7-16
（営業）TEL. 03-5798-7257　FAX. 03-5798-7258
http://www.minjiho.com/　info@minjiho.com

債権法改正を踏まえ、契約書作成のための複数の具体的条項を収録！

取引契約条項別の 文例作成と チェックポイント
―債権法改正等に対応した契約担当者の実務―

経営法務フォーラム　編

A 5 判・264 頁・定価 2,860 円（本体 2,600 円＋税 10％）

▶契約類型ごとの具体的な条項の文例を複数掲載し、各着眼点を明示しつつ、チェックポイント と考え方を解説！

▶管轄や表明保証など、契約書作成で見落としがちな条項もカバーして、条項ごとにコラムを収 録し、見やすく編集！

▶一般的な文例のほか、各当事者に有利な文例を掲載するなど、契約担当者の実務に至便！

本書の主要内容

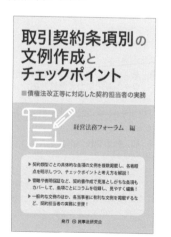

発行 🅵 民事法研究会

〒 150-0013　東京都渋谷区恵比寿 3-7-16
（営業）TEL. 03-5798-7257　FAX. 03-5798-7258
http://www.minjiho.com/　info@minjiho.com